KB216677

목사님
궁금합니다

바른 신앙을 위한 Q & A

목사님 궁금합니다

발행일 2019년 11월 10일 초판 1쇄

지은이 김활
발행인 고영래
발행처 미래사CROSS

주소 서울시 마포구 신수로 60, 2층
전화 (02)773-5680
팩스 (02)773-5685
이메일 miraebooks@daum.net
등록 1995년 6월17일(제2016-000084호)

ISBN 978-89-7087-121-9 03230

김 활 지음

목사님
궁금합니다

바른 신앙을 위한 Q & A

미래사CROSS

주일학교에서 주는 간식을 받아먹는 재미로 교회에 출석하다 주일학교 교사에게 실망해 한동안 하나님을 떠났습니다. 2006년 여름 고교 동창의 아버님이 침례교회를 개척하셔서 친구의 인도로 다시 감사 넘치는 신앙생활을 하게 되었습니다. 때로 시험에 들어 넘어지려 할 때마다 학생 시절에 같이 신앙생활을 한 성도님들의 권면이 있어 저는 다시 불신앙으로 돌아가지 않았습니다.

그런데 초심을 찾기 위해 많이 노력하고 기도하는 가운데서도 제 영혼의 갈급함은 채워지지 않았습니다. 발걸음은 교회를 향했지만 길 잃은 양같이 어렵게 신앙생활을 이어가던 중 하나님의 인도로 김활 목사님의 블로그를 알게 되었습니다. 목사님이 쓰시는 칼럼을 날마다 읽으며 조금씩 신앙생활이 즐겁게 느껴지고 있습니다. 지금은 주일 성수는 물론 특별한 일이 없는 한 수요예배와 금요철야예배, 속회모임까지 잘 참석하고 있습니다.

이 책을 읽으면서 느낀 것이 많습니다. 회개하고 개선한 것은 소수요, 개선할 것이 정말 많았다는 것을 알았습니다. 예수님이 걸으신 십자가 길을 따라 걷기엔 아직 부족한 점이 많다는 것을 깨달았고, 일상생활 가운데서도 기도와 말씀 묵상이 늘 필요하다는 것을 새삼 깨닫게 되었습니다.

이 책이 저와 같이 외식과 기복신앙을 가진 성도님들에게 약이 되고 피가 될 것을 믿으며 적극 추천합니다. 끝으로 하나님이 허락하신 평강과 사랑이 이 책을 읽는 모든 분과 그 가정에 넘쳐나기를 나사렛 예수의 이름으로 축복합니다.

_ 강병찬 성도(육일감리교회)

불교 집안에서 자란 저는 스물세 살 때 하나님을 알게 되었고 15년간 하나님을 섬겨왔습니다. 신앙생활을 하면서도 답답하고 궁금한 게 많았지만 물어볼 곳도 없었고, 물어봐도 해결되지 않아 이런저런 정보를 찾아보다가 목사님 블로그를 알게 되었습니다.

그렇게 목사님의 글을 읽으며 신앙을 점검하던 저에게 추천사를 쓸 수 있는 기회를 주셔서 영광으로 생각합니다. 초안을 받아 보고 얼마나 기뻤는지 모릅니다.

이 책은 하나님이 주신 믿음의 참의미를 삶의 고민에 녹여내어 풀어줍니다. 세상과 구별된 삶을 사는 사람들이 모인 교회는 하나님의 뜻을 구하고 그 뜻을 펼쳐 하나님 나라를 만드는 세상의 귀한 보배가 되어야 한다고 말해줍니다. 누구나 한 번쯤 스스로에게 물었을 구원, 교회생활, 헌금 등 일상의 사소한 질문들이 하나둘씩 모여 하나님의 섭리 안에 움직이는 세상을 인정하게 되고, 그 세상 안에 내가 가치 있게 존재하고 있음을 느낍니다.

그동안 여러 목사님들이 내신 신앙 서적들을 보면 독자를 아무것도 모르는 어린아이 대하듯 하면서 "모르겠으면 따라와" 하는 식의 내용이 많았습니다. 하지만 이 책은 나보다 딱 한 발자국 앞선 친구가 바로 내 옆에서 나긋하게 말해주는 것처럼 편안한 느낌을 줍니다.

단언컨대 이 책은 기독교에 대해 불만을 가지고 있는 사람들, 초신자들, 자의든 타의든 믿다 보니 자신이 믿고 싶은 하나님을 따로 만들어 믿고 있는 사람들, 하나님에 대한 첫사랑을 잃어버리고 어디를 향해 가는지도 모르는 신앙 나이만 많은 성도들, 나아가 모든 크리스천에게 믿음의 가치를 알리는 데 큰 도움이 될 것이라고 생각합니다.

_ 김효진 집사(새에덴교회)

기독교 신자로서 오랜 세월을 교회와 더불어 살아온 자신을 돌아보면 매일 새로워져간다는 사실에 놀랍니다. 그럼에도 방대하고 오묘한 성경과 하나님을 알아가는 것 때문에 새로워져야 하는 부분이 미래에도 숙제처럼 쌓여 있다는 사실에 또한 놀랍니다. 일반 성도의 입장에서 하나님을 알아가는 것과 궁금증을 해결해가는 과정은 신자의 피할 수 없는 책무이기도 합니다. 신자는 체계적인 신학적 소양도 없거니와 교회에서 얻는 기본 지식조차도 자기 것으로 만드는 데 한계가 있습니다. 스스로 공부한다고 해도 과연 올바른 방향성으로 접근하고 있는지 의문이 듭니다. 이 문제는 신자가 일생 동안 품고 갈 고민일 수밖에 없습니다.

오랜 시간 신앙생활을 해왔지만 성도가 되어가는 과정이 녹록하지 않을뿐더러 의문과 궁금증이 더해져 갈수록 복잡 미묘해집니다. 이러한 의문은 신자를 성도로 한층 성장시키는 계기가 됩니다. 의문을 해소하고 하나님을 바르게 알아가는 것은 성도가 신앙생활에서 경험해야 할 중요한 사건들이라 생각합니다.

언젠가 교회 문제에 대해 고민하며 찾아보던 중 이 책의 저자 김활 목사님의 블로그를 접했고, 목사님의 상담 내용을 보고 이해하고 위로받게 되었습니다. 저와 마찬가지로 일반인은 물론 많은 성도가 목사님의 친절한 상담을 통해 기독교와 관련된 많은 의문과 궁금증을 해소했으리라 생각합니다.

교회에 출석하고 있지만 이해할 수 없는 문제, 누구나 의심을 품고 불신하는 문제, 기독인으로서의 삶의 자세 등에 대한 상담에서 목사님은 분명한 해답을 보여줍니다. 심지어 이단의 공격까지 받으며 상담한 내용들도 있습니다. 이 책은 기독교를 처음 접하는 사람이나 고민 속에 갇혀 있는 연약한 성도들의 갈등 문제를 성경에 근거한 교리로 풀어주어 매우 유익합니다. 특히 신자들에게는 이 책이 믿음 생활의 중요한 길잡이가 될 것으로 생각합니다.

이 책의 발간은 한국 교회 성도들에게 희소식이 아닐 수 없습니다. 성도들과 하나님을 알고자 하는 일반인을 위한 목사님의 수고가 이 책에 고스란히 담겨 있습니다. 자비량으로 하는 목사님의 사역은 어둠 속의 등대와 같습니다. 이 책을 통하여 살아 계신 주님을 만나 변화되고 요동치 않는 믿음의 성장을 확인하게 되리라 믿습니다.

_ 박석암 장로(여의도제일교회)

저는 기독교 집안에서 자란 모태신앙 신자로서 기독교적인 생활습관과 사고방식에 익숙합니다. 하지만 신앙생활에 대해 스스로 이해하고 체화하는 과정이 없었기 때문에 궁금하고 답답한 마음이 많았지만 부끄러워서 남들에게 속 시원히 물어보지도 못했습니다.

일반 성도는 세속과 분리되어 교회 안에서만 성스럽게 살 수 있는 수도사들이 아닙니다. 세상에서 비신자들과 어울려 살다 보면 '이럴 때는 그리스도인으로서 어떻게 행동해야 할까?' 하는 난감한 상황이 자주 벌어집니다.

이 책은 성경 본문을 바탕으로 신학적 지식을 일반 성도도 쉽게 이해할 수 있는 수준으로 설명해줍니다. 또한 수많은 신앙 상담 사례를 통해 그리스도인의 올바른 가치관과 교회생활, 더 나아가 일상생활에서 겪을 수 있는 다양한 문제들에 대한 해법을 제시하고 있습니다. 단순히 "성경 많이 읽고, 기도하고, 믿음이 성장하면 해결될 것"이라는 막연한 대답으로 끝나는 것이 아니라 구체적인 해결 방법을 알려주는 것입니다. 조금 과장해서 말하자면, "그리스도인의 행동지침서, 야전교범"이라 불러도 손색이 없습니다.

개별 교회 특성이 강한 우리나라에서는 자신의 생각이 현재 자신이 출석하는 교회의 분위기와 담임목사님의 철학 안에 갇히기 쉽습니다. 감리교, 장로교, 성결교 등의 정통교단은 물론 혹세무민하는 이단과 사이비까지 다양한 영역의 신앙 상담 사례를 통해 저는 개별 교회를 넘어 한국 교회의 저변을 이해하고 생각해볼 수 있었습니다.

신앙생활은 영접기도부터 시작해서 끝없는 성화의 과정에 이르기까지 결코 쉽지 않은 것 같습니다. 어두운 밤길을 걸어가다가 희미한 가로등을 만났을 때의 반가운 마음으로 이 책을 읽어보시길 바랍니다.

_ 손승근 청년(하늘빛교회)

저는 모태신앙에서 스스로 하나님을 떠난 탕자였고, 다시 하나님께 돌아온 뒤로 제 처지는 가나안 성도였습니다. 가나안 성도라는 위치보다 제 신앙상태가 더 심각했습니다. 모태신앙이라고 말해온 게 부끄러울 만큼 아는 것도 없고 어떻게 해야 구원을 받는지에 대해서도 제대로 몰랐습니다. 무작정 성경을 열어 필사를 하고 기도도 하고 혼자 예배드리고 찬양하며 매달렸습니다. 하지만 여전히 해결되지 않는 궁금증과 불안함, 두려움이 있었습니다.

갑자기 변한 제 모습에 남편이 걱정할 정도였습니다. 그래도 어떻게든 길을 찾으려 애쓰는 제게 주님이 은혜를 베푸셔서 김 목사님과 인연이 닿게 해주셨습니다. 처음엔 궁금한 점을 골라가며 블로그의 글을 읽었지만 한편으론 경계했습니다. 가나안 신자로서 누구의 도움도 받을 수 없는 상황에서 잘못하다가는 걷잡을 수 없이 위험해질 것이었기 때문입니다. 하지만 목사님의 글을 읽으면 읽을수록 저에게 자유함이 있다는 것을 알게 되었고, 행복과 기쁨이 찾아왔습니다. 성경 말씀에서 궁금하던 부분도 알게 되었고, 얼마나 큰 사랑을 받고 있는지 배우며 많이 놀랐습니다.

그렇게 몇 년 동안 목사님의 글을 읽고 배우며 실천하고 있습니다. 주변 환경이나 여건은 별로 변한 게 없지만 제가 많이 변했습니다. 작은 일에 기뻐하고 늘 감사하며 항상 기도합니다. 매일 하나님께 예배드리고 이웃을 도우려고 노력합니다. 항상 성경을 가까이하며 묵상합니다. 비록 나를 죽이는 일이 힘들지만 즐겁고, 지치기도 하지만 멈출 수 없습니다.

사정이 있어 교회당에 나가지 못하는 가나안 성도들이 이 책으로 큰 도움을 받을 것으로 확신합니다. 가나안 신자들은 이 책을 통해 길을 찾고 어떤 방법을 터득하게 될 것입니다. 이 책을 읽는 모든 분이 진정한 그리스도인이 되기를 간절히 기도합니다.

_ 신하나 성도(가나안 신자)

1년 넘게 목사님의 블로그를 찾고 있는 애독자입니다. 매주 5회 이상 목사님의 글이 쉬지 않고 올라옵니다. 아침에 일어나자마자 만나는 목사님의 글은 그날 내내 저를 따라다닙니다. 올바른 예수 신앙의 길이란 무엇인가? 어떻게 살아가는 것이 크리스천으로서 바른 태도인가? 교회 안에서 사회 속에서 이럴 때는 어떻게 해야 하나? 목사님의 글은 마치 나침반처럼 하나하나 짚어가며 길을 보여줍니다.

목사님의 글은 어렵지 않아서 이해하기 쉽습니다. 친절하고 자상합니다. 마치 아이의 손을 맞잡고 걸음마를 가르쳐주는 엄마 같습니다. 처음 걸음을 뗄 때 겁먹은 아기의 마음을 잘 들여다보는 엄마 같습니다. "나도 그랬어. 겁날 때 두려울 때 막막할 때가 있었단다", "이렇게 해봐. 이게 옳아. 이건 우리가 꼭 본받자", "안 돼. 곤란해. 저건 나빠. 조심해. 가까이 가지 마" 하면서 아주 쉽게 이유를 설명해줍니다. 성경적인 해석과 함께.

보수적인 한국 교회 안에서, 형제자매라 부르면서도 막상 속내를 털어놓지 못하는 교우관계에서 벗어나 목사님과 일대일로 대면한 듯한 상태에서 평소 껄끄럽게 느꼈던 성경 구절, 교회생활에서 고민되고 속상한 일, 사회생활에서 뼈저리게 후회되는 자신의 문제를 솔직히 털어놓고 그에 대한 답을 들을 수 있습니다. 우리는 거룩한 하나님 앞에, 신실한 우리 예수님 앞에 인간의 본질적 죄성과 부족함 그리고 눈물과 회개에 대해 이야기하며 진실하게 하나 되는 경험을 할 수 있습니다.

문득 목사님의 해박한 성경 지식, 신학 지식과는 별개로 글을 이렇게 쉽고 명쾌하면서도 편안하게 쓰는 힘은 어디에서 나올까 궁금해졌습니다. 글쓰기의 진

목사님 궁금합니다

정한 힘은 '정직'에 있으며, 정직은 곧 용기입니다. 그래서 이 책 곳곳에는 "그건 모른다. 내가 아는 건 여기까지다", "나도 이것이 옳다고 잘못 생각하고 따른 적이 있다", "나도 그런 두려움을 가졌다", "실수하고 넘어지고 회개하고는 다시 죄를 짓는다" 등 목사님의 정직과 용기가 담겨 있습니다.

이 책이 형식적인 교회생활에서 벗어나 예수신앙의 본질을 돌아보고 하나님 사랑, 이웃 사랑을 삶 속에서 실천하는 데 크게 기여하리라 믿습니다.

_ 신현석 안수집사(높은뜻덕소교회)

목사님의 글을 읽을수록 무릎을 치게 되고 한편으로는 회개하기도 합니다. 저는 서울에 살 때 교회에 등록하고 3년째 되는 해에 피자가게를 시작했습니다. 장사가 잘되지 않는데도 주일에는 가게를 열지 않았습니다. 지금 돌이켜 생각해보면 저의 신앙을 뽐내고 싶어서 그랬던 것 같습니다. 주위에서도 "건원 형제는 주일에 장사를 안 하는 걸 보면 믿음이 정말 좋은 것 같아" 하고 칭찬했습니다.

이런 평가가 하나님을 잘못 알게 하고 저의 눈과 생각을 가리는 사탄의 속삭임이었던 것 같습니다. 저는 장사가 잘되지 않는 것을 하나님 탓으로 돌렸습니다. 주일 성수도 이렇게 잘하는데 왜 도와주지 않느냐고 원망했습니다. 결국 피자가게는 실패로 돌아갔고, 저는 돈으로는 살 수 없는 값진 경험과 함께 제 삶에서 중요한 인연들을 만났습니다. 이 실패는 또한 하나님 앞으로 나아가게 하는 동기부여가 되었습니다.

목사님이 쓰신 글들을 읽으며 제가 지금까지 신앙생활을 얼마나 잘못 해왔는지 뼈저리게 느끼고 있습니다. 조금씩 성경을 읽고 공부하며 올바른 신앙인으로 나아가기 위해 노력하고 있습니다. 목사님의 글이 저처럼 기복적인 신앙을 가진 신자들에게 올바른 신앙을 알려주는 귀한 길잡이가 되리라 확신합니다. 잘못된 믿음 속에서 방황하고 있는 많은 신자에게 이 책을 강력히 추천합니다.

_ 이건원 집사(대흥교회)

따뜻하고 포근한 목소리로 반겨주셨던 목사님과의 첫 통화가 지금도 잊히지 않습니다. 그 이후로도 상담을 통해 지속적으로 위로와 도전을 받고 있지요. 목사님은 오늘도 그렇게 주 안에서 형제자매 된 분들을 권면하고 계실 것입니다.

섬기는 마음으로 진행해오신 상담 내용들이 책으로 발간된다니 너무나 기쁘고 설렘니다. 이제는 언제든지 이 책을 통해 신앙적인 고민을 해결할 수 있을 것이기 때문입니다. 저 같은 일반 신자들이 어렵지 않게 이해할 수 있으면서도 자세히 살펴보면 정통신학의 요소가 빠짐없이 담겨 있다는 것을 알게 됩니다. 또한 섬기는 교회에서는 쉽게 말하거나 들을 수 없는 내용들이 많아서 신앙생활에 큰 도움이 될 것으로 확신합니다.

그리스도인으로 세상을 살다 보면 현실과 신앙의 괴리로 인해 발생되는 문제가 적지 않습니다. 그런 일들은 목회자와 상담하기도 어려울뿐더러 뭔가 속 시원한 답을 얻기 어려운 게 사실입니다. 그러나 김활 목사님은 오랫동안 직장생활을 하셨고 자비량 목회를 해오신 분이어서 어느 누구보다 일반 성도의 입장을 잘 이해하고 계십니다. 신앙 상담을 하기에 가장 적합한 분이라는 것이지요.

교계의 유명 목사님이나 신학자들에게 추천사를 받지 않으신 것도 탁월한 선택이라 생각합니다. 이 책에 실린 글들은 목회자나 신학 전문가를 위한 것이 아니라 교회 공동체 안에서 일어나는 평신도의 이야기이기 때문입니다.

책 발간을 기쁜 마음으로 축하합니다. 목사님의 블로그 소개 글에 명시된 것처럼 이 책을 통해 한 사람이라도 바르고 건강한 그리스도인이 되었으면 하는 소망을 품어봅니다.

_ 이건직 집사(의암교회)

우리는 아버지만 빼고 모두 하나님을 믿는 가족이었습니다. 초등학교 2학년 여름방학 첫날 탄광에서 일하시던 아버지가 폭발사고로 두 팔과 한쪽 눈을 잃고 말았습니다. 그 순간부터 어린아이의 자그마한 신앙은 원망으로 바뀌었습니다. 저는 하나님이 우리 가족을 버리셨다고 생각했습니다.

아버지는 7년이나 병원 생활을 하셨고, 집에 덩그러니 남겨진 우리 형제에게는 하루하루가 너무나 고통스러웠습니다. 그런데도 어머니는 하나님이 우리를 사랑하셔서 아버지를 살리셨다고 감사해하셨습니다. 그런 어머니를 위해 저는 결혼 후 마지못해 지금의 장양교회를 다니게 되었습니다.

첫째 딸이 태어나고 기쁨도 잠시, 세 살 무렵 면역세포가 혈소판을 공격하는 급발성 혈소판 감소증이란 희귀병을 앓기 시작했습니다. 이 병은 근본적인 치료 방법이 없어서 수치가 떨어지면 스테로이드를 복용하는 것이 전부였습니다. 모두가 나서서 이 불치병을 낫게 해달라고 간절히 기도하기 시작했고, 3년 만에 기적같이 치료가 되었습니다. 저는 악한 일만 일삼던 죄인인 저를 이제껏 버리지 않으신 하나님께 눈물로 회개하고 성령님의 도움으로 참신앙의 길을 걷고자 하였습니다.

그러나 그 참신앙은 나만의 신앙이었으며, 중언부언하는 기도와 같았습니다. 성경책, 간증집, 성경 역사 관련 책을 읽으면서 신앙을 체계화하고 싶었지만 고민이 깊어졌습니다. 그러한 고민이 정점에 달했을 때 김활 목사님의 블로그를 알게 되었습니다.

깊고 정확한 성경 지식, 현재 교회와 교인들의 민낯을 과감하게 드러내는 용기, 해결책을 제시하는 신앙적 고민, 자신의 치부를 드러낼 만큼의 솔직함과 겸손, 다른 의견을 적극 수용하는 포용적인 모습 등 김활 목사님의 글에는 정말 예수님의 향기가 묻어나는 것 같았습니다. 자연스럽게 목사님의 여러 글은 제 신앙의 초석이 되었습니다. 그리고 제가 받은 하나님의 은혜를 사랑하는 사람들에게 알려주고 싶은데 무턱대고 알려주기보다는 좀 더 체계적으로 이해시키고 싶어 목사님이 추천해주신 여러 책을 읽었습니다.

그러다가 그동안 신앙 상담을 한 내용을 책으로 내신다는 얘기를 듣고 기뻐하며 초안으로 보내주신 책을 읽어보았습니다. 명불허전! 신앙 상담의 내용 하나하나가 깊이 마음에 와 닿았습니다. 이 책은 누구나 궁금해하면서도 막상 묻지는 못했던 부끄러운 질문에 대해 깊은 성경 지식과 적절한 예시로 쉽게 답을 해줍니다. 그래서 이제 막 하나님을 아는, 아니면 알고자 하는 이들에게 시원한 샘물이 되어줄 것으로 확신합니다.

목사님의 책이 나오면 제가 사랑하는 모든 사람에게 선물해서 하나님이 어떤 분인지 정확히 알리고 싶습니다. 많은 질병으로 고통받는 목사님이 이 책으로 조금이나마 짐을 덜 수 있기를 간절히 기도합니다.

_ 이은철 집사(장양장로교회)

성경의 기준과 현실 간의 차이에서 고민하던 시기에 목사님의 블로그를 알게 되었습니다. 목사님은 일면식도 없던 제가 올린 고민에 정말 성심성의껏 답변해주셨고, 하나님이 맺어주신 인연으로 저는 많은 진리와 깨달음을 얻었습니다. 목사님의 말씀은 무지한 저에게 유익했고, 아직도 부족한 저에게 항상 주님과의 연결고리가 되고 있습니다.

어렵고 재미없는(?) 신앙 서적이 많은데, 이 책은 정말 세상 사람들이 가장 궁금해하는 현실적 고민은 물론 어디에 드러내고 말할 수 없는 크리스천 및 일반인의 고민도 가장 쉽게 풀어놓았다고 장담합니다. 이 책을 읽고 영향력 있는 사람이 되어서 불신자도 전도하고 하나님의 나라를 더 많이 빠르게 확장하는 크리스천들이 온 땅에 퍼지는 그날이 오기를 소망합니다.

_ 이재현 집사(늘사랑교회)

"그저 믿기만 하면 된다."
유년 시절부터 교회 어른들께 들었던 말입니다. 저는 이 '믿음'을 오해한 나머지 10년 넘게 기독교 신앙을 부정하다 하나님의 은혜로 회심하게 되었습니다. 회심하면서 기독교의 기초적인 진리를 알게 되었고 의문도 많아졌습니다. 아쉽게도 저의 의문과 질문에 기존의 교회에서는 속 시원한 답변을 들을 수 없었습니다. 어렸을 때 들었던 "그저 믿기만 하면 된다"는 식의 답변만 있을 뿐 왜 믿어야 하고, 어떻게 믿어야 하는지에 대해 알려주는 사람이 없었던 것이지요.

그러던 중에 하나님께서 김활 목사님을 알게 해주셨습니다. 목사님의 상담과 블로그에 올려주시는 글을 통해 사소한 의문에서부터 복잡한 신학적 의문까지 신앙적으로 많은 도움을 받았습니다. 만약 이 책이 제가 교회에서 멀어지기 전에 나왔다면 그렇게 오랫동안 방황하지 않았을 것입니다.

그리스도인들은 이 세상 속에서, 교회 공동체 가운데서 신앙인으로 가지는 의문과 가치 충돌의 문제를 수없이 경험할 것입니다. 김 목사님의 글은 이 세상에 몸담은 그리스도인의 역할을 이해하고 인정하면서도 신앙인으로서 지혜롭게 극복할 수 있는 답을 줍니다. 또한 그 따뜻한 답변 속에 녹아 있는 신학적인 성찰은 이를 읽는 이들이 성숙한 신앙인이 될 수 있게 밑거름이 되어줍니다. 이 세상에서 고군분투하며 고민하는 모든 그리스도인에게 강력히 이 책을 추천합니다.

_ 이종혁 청년(부천 상동21세기교회)

처음 이 책을 접했을 때 손에서 놓을 수가 없었습니다. 처리해야 할 업무가 많았

목사님 궁금합니다

지만 저도 모르게 일을 뒤로 미루고 그 자리에서 책을 다 읽을 만큼 유익하고 알찬 내용이 많았습니다.

이 책은 평소 교회를 다니면서 마음 한편으로는 늘 궁금한데도 쉽게 물어볼 수 없었던 믿음과 신앙생활 전반에 대한 문제를 다룹니다. 하지만 딱딱하고 이해하기 어려운 신학적 내용으로 접근하는 것이 아니라 기독교를 처음 접하는 분들도 쉽게 이해할 수 있도록 잘 설명되어 있습니다. 아울러 오랜 시간 신앙생활을 해온 분들이 잊어버리거나 둔감해질 수 있는 기독교의 본래 모습과 그에 대한 마음가짐도 잘 전달하고 있습니다.

또한 이 책은 우리가 반드시 경계하고 지양해야 할 균형을 잃어버린 신앙의 모습을 분명하게 보여주고 이에 대한 해결책을 제시함으로써 분별할 수 있는 지혜와 안목을 가지게 하는 좋은 책이라고 생각합니다. 이 책이 많은 사람에게 큰 교훈과 잔잔한 감동의 선물이 되기를 소망합니다.

_ 이창환 집사(대구영신교회)

저는 단짝 친구의 권유와 하나님의 크신 은혜로 고등학교 1학년 때부터 교회를 다니기 시작했습니다. 무엇이든 열심히 하는 성격이라 이왕 믿을 거라면 잘 믿어보고 싶었습니다. 고등부 선생님께 어떻게 해야 하는지 물어보니 성경을 읽고 기록된 말씀을 믿고 지켜야 한다고 했습니다. 그런데 성경은 너무 두껍고 용어도 어려워서 이해하기가 힘들었습니다. 너무 어렵다고 하니 일단 '주기도문'을 외우고 '십계명'을 지켜보라고 했습니다.

모르는 게 너무 많아 주일마다 질문을 하니 "사실 나도 잘 모른다. 다 알고 믿는 사람이 얼마나 되겠어?" 하며 자꾸 따지지 말고 그냥 믿으라고만 해서 참 답답했습니다. 어느덧 교회에 다닌 기간이 오래되고 직분도 받게 되니 더 질문하기가 어려워졌습니다. 믿음이 없다고 할 것 같고, 아직 그것도 모르느냐는 말을 들을 것 같았기 때문입니다.

그래서 이번에 목사님께서 많은 분이 궁금해하면서도 교회에서는 질문하기 힘든 신앙 문제들을 다루는 책을 출판해주신 것이 더 감사합니다. 그동안 신앙 서적, 설교, 상담을 통해서 목사님들이 성도들의 삶에 대해 잘 모른다는 느낌을 받을 때가 많았습니다. 그러니 "기도하자, 하나님께 맡기자"는 원론적 권면만 할 수밖에 없는 것이 현실입니다. 신학교를 졸업하고 교회 안에서만 살아왔으니 전쟁터 같은 삶의 현장에서 일어나는 다양한 일들을 구체적으로 알기가 어려울 것입니다.

김활 목사님은 직장생활도 오래 한 데다 신학을 공부하고 자비량 블로그 사역을 해왔습니다. 그렇기 때문에 탄탄한 신학을 바탕으로 삶의 현장에서 맞닥뜨리는 신앙 문제들에 대해 구체적이고 적용 가능한 답변을 해주어 많은 도움을 받고 있습니다. 저는 세상 속에서 시험에 들 때마다 목사님의 글을 통해 신앙의 고삐를 조이고 새롭게 결단하며 나아가고 있습니다.

이 책의 독자들이 책을 다 읽고 난 뒤에는 매일 한 편씩 글을 올리는 블로그도 방문해 신앙의 깊이를 더할 수 있기를 바랍니다. 저는 목사님의 글을 읽으며 하루를 시작하고 있습니다.

_ 정중억 장로(성서중부교회)

시골에서 어렸을 때부터 엄마 등에 업혀 시골 교회(장로교)를 다니기 시작해서 세례를 받고 쭉 교회를 다니며 자라났습니다. 고등학교부터 직장까지 신우회 모임 그리고 각종 수련회와 부흥회를 거쳐 신앙이 성장했습니다.

1980년대 이후 부흥회를 통해 기복신앙의 영향을 받아 기도원에서 일주일 금식기도를 하며 하나님이 축복하셔서 기도하는 모든 것이 이루어지고 최고의 삶이 되리라 믿었습니다. 하지만 부흥 강사의 신유의 능력과 역사가 제게는 일어나지 않았고, 세월이 갈수록 신앙생활에서 뭔가 답답함이 느껴졌습니다. 교회 예배에서 목사님이 하나님 말씀을 대언하실 때 일방적인 설교 방식에서는 물을 수 없는 궁금증, 교회 직분의 역할에 대한 궁금증, 세상에 살면서 예수 믿는 자로 어떻게 살아야 올바른 삶인지에 대한 궁금증, 성경 말씀의 헌금 사용과 교회의 헌금 사용이 일치하지 않는 데 대한 궁금증으로 저는 말할 수 없는 답답함을 느꼈습니다.

오십 중반에 이르러서야 그 답답함을 해소할 방법을 찾던 중 인터넷을 이용해 김활 목사님과 연결되어 신앙 상담을 하게 되었습니다. 이로써 제가 알고 싶은 모든 것을 하나님 말씀을 통한 쉽고 정확한 비유로 알게 되었습니다.

이 책은 저와 같이 모태신앙을 가진 분이나 초신자 그리고 예수 믿는 교회 성

목사님 궁금합니다

도들이 올바른 신앙관을 가지는 데 큰 역할을 할 것입니다. 특히 한국 교회의 청소년과 청년들의 신앙에 매우 좋은 신앙 가이드가 될 것입니다. 하나님께서는 김활 목사님께 신앙 상담의 사명을 주셨습니다. 더 많은 성도가 좌우로 치우치지 않고 온전히 천국을 향하여 나아가는 데 이 책이 좋은 지침서가 되기를 소망하며 기쁘게 추천합니다.

_ 한재용 안수집사(세종제일교회)

한국 기독교에서 가장 문제되는 부분이 기복적 신앙이라고 생각합니다. 저도 신앙생활을 30년이나 해왔지만 성령의 교통하심이 무엇인지, 예수님이 대신 지고 가시는 나의 죄가 어떤 것인지, 복이란 무엇인지, 구원이란 무엇인지 제대로 알지 못했습니다. 올바른 그리스도인의 참모습을 알지 못했고, 성실한 교회생활만이 올바른 신앙생활인 줄 알았습니다. 주일을 성수하고 십일조와 헌금을 잘하면 사업도 번창하고 자녀도 잘되는 줄 알았던 것이지요. 목사님께 안수를 받으면 아픈 것도 낫고 모든 문제도 해결되는 줄로만 아는 신앙이었습니다.

이 책은 그런 잘못된 신앙관을 바로잡을 수 있게 도와주는 귀한 책입니다. 이 책을 통해 진실한 그리스도인의 자세와 길을 알게 되어 신앙이 바로 서는 것을 느꼈습니다. 결국 문제가 있는 기복중심주의 교회에서 모든 것을 다 버리고 다른 교회로 옮겼습니다. 요즘은 건전한 신앙공동체에서 매주 성령과 진리로 하나님께 예배드리고 있습니다. 힘들고 어려운 시절 목사님을 만나게 해주신 하나님께 영광을 돌립니다. 목사님의 신앙 상담을 담은 이 책은 현대를 사는 그리스도인이라면 꼭 한 번 읽어봐야 할 책이라고 생각합니다.

_ 조숙 권사(양문교회)

교회에 처음 나오면 궁금한 것도 알고 싶은 것도 참으로 많습니다. 그래서 질문을 하려고 보면 다른 사람들이 질문을 하지 않는다는 것을 알게 됩니다. 또한 질문을 해도 목회자로부터 돌아오는 대답이 시원하지 못합니다. 그저 "성경을 읽으면 안다", "기도하자", "때가 되면 알게 된다"는 말을 듣습니다. 질문을 할 수 있는 분위기가 아니라는 것도 오래지 않아 알게 됩니다. 10년, 아니 20년을 교회에 다녀도 모르는 것이 태반입니다. 그런데도 질문을 할 수가 없고 시원하게 답변해줄 사람도 교회 안에 없는 것 같습니다. 그렇게 오랫동안 교회 마당을 밟았지만 누가 신앙이나 교리에 대해 질문하면 어떻게 대답해야 좋을지 몰라 진땀이 납니다. 스스로도 구원의 확신이 없으니 답답합니다.

저도 무척이나 답답했습니다. 그래서 성경을 펴보았지만 〈창세기〉와 〈출애굽기〉까지는 잘 읽다가 〈레위기〉에서 막혀 더 이상 읽기가 힘들었습니다. 하나님이 무슨 말씀을 하시는지 알 수 없어 교회에서 실시하는 성경과 교리교육에도 빠짐없이 참석했습니다. 찬양대와 주일학교 봉사활동도 꾸준히 했고, 주일성수 때문에 해외여행은 꿈도 꾸지 못했습니다. 교회에서는 인정을 받았지만 정작 저 자신은 믿음이 무엇인지, 기독교와 교회가 무엇을 의미하는지 알지 못했습니다. 봉사를 많이 하면 상급을 받고 예배에 빠짐없이 출석하면 구원을 받는다고 믿었습니다. 십일조를 안 하면 구원에 영향이 있고, 하나님이 복을 빼앗아 간다고 믿었습니다. 그런 저를 다른 신자들은 믿음 좋고 성경도 많이 아는 사람이라고 생각했습니다.

그러는 동안 어느새 20~30년이 훌쩍 지나갔고, 저는 여전히 갈급한 사슴이 시냇물을 찾듯 진리를 찾았습니다. 여러 목사님, 장로님을 만나 대화를 나누고 신앙 관련 서적도 많이 찾아 읽었습니다. 하지만 이해하기 어려운 말이 많았고, 저자가 말하려는 것을 정확히 이해할 수 없는 경우도 많았습니다. 결국 더 많이 정확하게 알고 싶어 50대 중반에 신대원에 입학했습니다. 3년 과정을 마치고 신대원을 졸업했지만 환갑이 다 된 목사를 청빙하는 교회는 없었습니다. 동료 목사들과 동사목사도 해보고 교육목사도 해보았지만 몇 개월만에 그만두었고, 군선교를 하려 했지만 그 또한 이루어지지 않았습니다. 아내가 목회를 반대해 개척교회는 엄두도 내지 못했습니다.

그러던 중 얼마 지나지 않아 시력을 잃게 될 것이라는 청천벽력같은 진단을 받았습니다. 절망에 빠져 있던 바로 그때 동료 목사님의 협박과 조언으로 블로그 사역을 시작하게 되었습니다. 그것이 벌써 4년 6개월 전의 일입니다. 블로그를 통해서 하나님이 일하시는 것을 자주 경험합니다. 아무런 능력도 재주도 없는 목사가 전화로 기도하고 상담하면 불치병이 낫기도 하고, 신앙이 회복되는 역사가 일어납니다. 하나님이 저를 도구로 사용하시는 것입니다.

지금도 주변에는 기독교가 어떤 종교인지 정확히 모른 채 기쁨도 없이 습관적으로 교회에 다니는 신자들이 많습니다. 모태신앙인이 상담자의 절반을 차지한다고 하면 놀랄 분이 많을 것입니다. 하나님께 혼날까 봐 할 수 없이 교회에 간다는, 이른바 '일요일 신자'들이 '김활 목사의 기독교바로알기'에 들어와 얼마쯤 지나면 거듭나기도 하고 기쁨과 감사로 신앙생활을 한다고 고백합니다.

그런데 블로그 독자들에게 항의 아닌 항의도 받습니다. 다른 교인이나 지인들에게 블로그 내용을 전달하기가 어려운데 왜 종이책이 없느냐는 것이지요. 서점에 가면 신앙 서적이 많지만 막상 읽거나 선물할 만한 책은 없다고들 합니다. 왜 그럴까요? 내용이 너무 어렵고 이해하기 어려워서 도중에 책을 덮게 되는 것입니다.

그래서 저는 책을 내기로 결심하고 중요한 상담 내용을 크게 넷으로 나누어 정리해보았습니다.

첫째는 신앙에 대한 질문입니다. 무엇을 믿고 어떻게 믿는 것이 옳으냐는 것입니다. 하나님의 존재, 하나님의 음성과 응답, 구원의 확신, 반려동물의 구원 등에 대한 질문입니다. 한번 구원은 영원한 구원인지 아니면 구원에서 탈락할 수 있는지 궁금합니다.

둘째는 교회생활에서 수시로 발생하는 문제입니다. 주일 준수,

목사님 궁금합니다

교회 봉사, 기복신앙 등과 관련한 궁금증입니다. 주일날 교회에 가고 싶어도 가지 못하는 신자들은 어떻게 하면 될지, 교회 봉사를 많이 하면 상급을 받아서 현세에 복을 받는지, 교회에 가야 복을 받는다면 불신자는 왜 그렇게 잘사는지 궁금합니다.

셋째는 사회생활에서 발생하는 문제입니다. 제사를 지내는 문제, 불신자와의 결혼, 물질적 고난 등 매우 난해하고 복잡한 질문입니다. 제사와 차례 문제로 골머리는 썩히는 신자들이 의외로 많습니다. 또 여성의 경우 불신자를 배우자로 선택하기가 쉬운데, 이 문제는 어떻게 해결해야 할까요? 믿음이 좋다(크다)고 하는 신자들이 가난하게 사는 경우도 많은데, 하나님의 뜻은 무엇인지 궁금합니다.

넷째는 헌금 상담으로 각종 헌금과 십일조에 대한 문제들입니다. 어쩌면 가장 궁금하고 의문을 많이 가지는 문제지만, 이와 관련해서는 질문하기가 어렵고 명확한 답변도 듣지 못하는 것이 현실입니다. 특히 십일조의 경우, 십일조의 이행 여부도 문제지만 정확하게 10퍼센트를 해야 하는지, 가난한 사람이나 빚이 있는 사람도 십일조를 해야 하는지 궁금합니다.

물론 이 책의 내용에도 부족한 점이 있을 것입니다. 성경 구절을 직접 찾아보는 독자가 드물기 때문에 관련 성경 구절을 따로 표기하지 않은 부분도 있습니다. 또한 제 글에 반대하는 분도 있을 것으로 생각합니다. 그럴 때는 언제든지 whalkim.com, revwhalkim@naver.com, '김활목사의 기독교 바로알기'로 상담하고 질문을 해주십시오. 이 책은 철저하게 일반신자(평신도)를 위한 책이므로 신학자나 교수, 목회자의 추천사를 받지 않았습니다. 그런 분들이 평가할 내용이 아니기 때문입니다. 또한 책이 잘 팔릴지 여부도 별로 신경을 쓰지 않았습니다. 철저히 하나님의 계획 아래 움직일 것으로 믿기 때문입니다.

이 책이 나올 수 있게 허락하신 하나님께 먼저 영광을 올려드립니다. 이 부족하고 못난 목사에게 상담을 청하고 조언을 구했던 많은 성도님에게도 감사드립니다. 출판에 대해 문외한인 저에게 수시로 조언을 해주고 어려운 출판 사정에도 불구하고 출간을 결정해준 미래사 대표 고영래 집사님에게도 머리 숙여 감사를 드립니다. 직접 배우지는 않았지만 수시로 조언해주시고 힘을 주신 덴버신학대학교 정성욱 교수님께도 감사드립니다.

병마와 싸우고 계신 김호식 원로목사님께 이 책을 바칩니다. 제게 하나님의 사랑을 알려주신 목사님이 오랫동안 제 곁에 계시기를 바랍니다. 저를 위해 항상 기도하고 협력해주신 신대원 선배 이춘호, 한상기 목사님께도 감사드립니다. 또한 부족하고 못한 목사를 위해 기꺼이 추천사를 써주신 열다섯 분에게도 진심으로 머리 숙여 감사드립니다.

늘 곁에서 격려하고 조언해주는 사랑하는 아내 오금옥 권사님에게 감사를 전합니다. 마지막으로 실족하여 믿음을 상실한 장남 김건용, 아직도 하나님을 인격적으로 만나지 못한 차남 김건효에게 이 책을 권합니다.

2019년 10월

정릉골에서 김 활 목사

Chapter 04   헌금 상담

Chapter 01

신앙 상담

하나님이 정말 있나요?

Q 목사님은 하나님을 보았습니까? 왜 기독교인들은 보이지도 들리지도 잡히지도 않는데 허공에 대고 소리치고 허우적대는지 이해할 수가 없습니다. 하나님은 정신적으로 힘들고 의지할 게 없는 사람들이 기대는 그런 곳 같습니다. 하지만 이 바쁘고 각박한 세상에 교회 다닐 시간이 있다는 건 부럽네요.

A 그렇지요. 예수를 믿고 교회당에 나가는 사람들이 바보나 멍청이 같아 보일 수 있습니다. '하나님이 보이지도 않는데 왜 헛된 것에 허우적대면서 아까운 시간을 허비하는 것일까?' 하고 의문을 가질 수 있습니다. 하나님을 부정하는 것이 잘못은 아닙니다. 저도 교회에 나가기 전에는 그렇게 생각했으니까요. 하지만 한편으론 왜 그렇게도 많은 사람이 2천 년이 넘는 오랜 시간 동안 하나님과 그의 아들인 예수님을 믿었을까요? 왜 순교자들은 하나밖에 없는 목숨을 초개와 같이 내던지며 죽음으로 자신의 신앙을

증명하려 하였을까요? 많이 배우지 못해서 그랬을까요? 아니면 멍청하거나 속는 기질이 있어서일까요? 이 질문에 대답할 수 있어야 합니다.

형제(자매)님의 말대로 "하나님은 정신적으로 힘들고 의지할 게 없는 사람들이 기대는 그런 곳 같습니다"라는 것이 어쩌면 정확한 표현 중 하나라는 것을 압니다. 대부분의 사람들이 마음의 평안과 의지할 곳을 찾아 교회당에 나옵니다. 돈을 많이 벌고 건강을 되찾기 위해서 또는 출세, 진급, 결혼을 위해 교회당에 나오기도 합니다. 부정하지 않습니다. 그러나 이런 것들은 기독교의 진리와 거의 관련이 없습니다. 도리어 기독교는 이런 것들을 부정하고 멀리하라고 합니다.

기독교인이 된다는 것은 하나님의 아들, 딸이 되는 것입니다. 그리고 죽지 않고 영원히 사는 것을 의미합니다. 기독교는 도리어 마음의 평화나 물질, 재산, 명예는 중요하지 않다고 가르치는데, 이런 것을 잘 모르는 사람들이 잘못 이해한 기독교를 전한 것입니다.

정통 기독교는 그런 허무한 것에 소망을 두라고 가르치지 않습니다. 정통 기독교인은 그런 부질없고 가치 없는 것에 큰 소망을 두거나 기도하지 않습니다. 자기가 가진 것에 만족하며 살아갑니다. 다만 그런 물질이나 출세 같은 것을 하나님이 주신다면 나와 내 가족만을 위해 사용하기보다는 불쌍하고 소외된 이웃과 하나님의 나라를 확장하는 데 사용해야 합니다.

형제(자매)님은 기독교인들이 보이지 않는 하나님을 믿는다고 생각할 것입니다. 물론 잘못된 생각은 아닙니다. 하지만 우리는 공기, 힘, 마음, 희망, 사랑처럼 보이지 않는 것을 있다고 믿습니다. 도리어 보이지 않는 것이 더 중요하다고 느낄 때가 많습니다. 땀이 흐르는 여름에 누군가가 건네는 시원한 얼음물 한 잔에는 사랑과 배려가 담겨 있습니다. 칼바람이 부는 추운 겨울날, 집으로 가는 골목에서 나를 기다리고 서 있는 부모님의 사랑을 경험한 적이 있는지요? 바로 그 부모님의 감정과 사랑을 기독교인은 하나님에게서 느끼는 것입니다.

내가 힘들면 함께 힘들어하시고, 내가 아플 때 함께 아픔을 경험하는 분이 하나님이라고 믿습니다. 즉, 하나님과 인격적인 관계를 갖고 느끼면서 사는 사람들이 바로 기독교인입니다.

간곡히 당부드립니다. 저도 세상에서 배울 만큼 배웠습니다. 교회에서 가르치는 것이 정확한지 알기 위해 신학대학원에 입학했고, 그 후 교회에서 잘못 가르치는 것이 있다는 사실을 알게 되었습니다. 하지만 기독교는 싸구려나 거짓 신앙이 아닙니다. 기독교는 실제 인류의 역사와 함께 걸어온 종교입니다. 그래서 성경의 많은 부분이 인류의 역사와 일치합니다. 많은 사람이 기독교의 성경이 사실이라는 데 감동하여 자신의 목숨을 내버리고 순교하였습니다. 지구상에 기독교 외에는 이런 종교가 없습니다.

하나님의 아들이요 하나님이신 예수님을 믿어 인간이 가진 큰 숙제를 해결하기 바랍니다. "나는 누구인가?", "나는 어디에서 왔다가 어디로 가는가?", "나는 무엇을 위해서 사는가?" 하는 질문을 스스로에게 해보기를 바랍니다. 이 질문에 답하지 못하는 사람은 동물과 별반 다르지 않은 삶을 산다고 볼 수 있습니다. 하지만 많은 사람들이 이 질문에 대답하지 못합니다. 교회에 열심히 출석하는 기독교인들도 예외는 아닙니다. 잘못 믿고 있다는 뜻이지요. 기독교를 제대로 믿으면 삶 자체가 얼마나 기쁘고 행복한지 모릅니다.

부디 주일날 교회에 나가기를 바랍니다. 아니면 가까운 교회로 가서 목사님을 만나서 상담해보기를 바랍니다. 종교가 무엇인지, 기독교가 무엇인지, 하나님이 어떤 분인지, 교회가 무엇인지, 나는 누구며 어디로 가는지에 대해 도움을 줄 것입니다. 우리 함께 낙원에서 만났으면 합니다. 하나님이 형제(자매)님의 마음을 만져주시길 소망하고 기도합니다.

02

주님의 사랑을 느끼고 싶어요

Q 교회를 다니는 청년이지만, 하나님에게 사랑받지 못하고 늘 외롭고 혼자라는 느낌이 듭니다. 예수님께서 날 사랑한다는 것이 머리로는 이해되지만, 가슴으로 느껴지진 않습니다. 주님께 기도하다 울어도 보고, 찬양팀에서 주님을 노래하기도 했습니다. 믿지 않는 자를 긍휼히 바라보는 눈도 있습니다. 하지만 주님이 날 사랑하는 것이 가슴 깊이 느껴지지 않습니다. 결국 남은 건 외로움뿐입니다. 주님이 우리 인류를 사랑했던 기록은 성경에 많이 나와 있습니다. 하지만 주님이 날 사랑한다는 것은 못 느끼겠습니다. 저는 그저 반복되는 일상 속에서 외롭게 자취 생활을 하는 평범한 대학생일 뿐입니다. 주님께 내 삶을 맡겨도 한없이 외롭고 답답한 기분이 듭니다. 목사님 도와주세요.

A 얼마나 힘이 드십니까? 대학생 기독 청년으로서 예수님을 열심히 믿고 봉사도 하지만 아직 예수님의 사랑을 경험하지 못해서 외로움을 느끼고 있군요. 우선 사랑은 받는 것도 중요하지만 실제로는 주는 것이 더 소중하고 값집니다. 한번 작은 것부터 실천해보세요. 버스를 탈 때 운전기사님에게 "감사합니다. 수고하십니다!" 하고 진심 어린 말을 해보세요. 자취를 하니 재래시장에 가지요? 채소나 과일을 파는 할머니에게 물건을 사면서 "할머니, 힘드시지요? 너무 감사합니다!" 하면서 손도 잡아주십시오. 사랑은 실천하는 것입니다. 그러면 예수님의 마음이 느껴질 수 있습니다. 그것이 예수님의 마음입니다. 공감하는 것이지요.

어떤 분들은 예수님의 사랑을 느끼기 위해 그분의 모습과 음성을 보고 들으려 합니다. 심지어 기도의 응답도 실제 음성으로 듣거나 체험하려 합니다. 좋은 방법과 의도가 아닙니다. 그런 식으로 하나님과 예수님을 체험하는 신앙은 어린아이 신앙이요, 무속적인 신앙일 가능성이 높습니다. 다시 말해, 주님을 만나고 경험하며 더욱 신비적인 체험으로 자신을 몰아가는 시험에 드는 경우가 많습니다.

반복되는 일상이 지루하지요? 그런데 시선을 조금만 돌려보면 반복되는 일상을 부러워하는 사람들이 주위에 많습니다. 병원에 가면 자신이 얼마나 행복한지 알 수 있습니다. 출근하는 사람들을 바라보며 한숨짓는 실업자들도 주위에 많습니다. 세상의 헛된 욕망인 돈, 명예, 권력, 출세, 섹스, 아름다움 등을 추구하며 살던 사람들도 결국은 한 줌 재로 변합니다. 저는 어제 발목을 접질려 병원에 다녀오면서 평소보다 두 배나 힘이 들었습니다. 평소에 그냥 걸어 다니는 것이 얼마나 감사한지 새삼 깨달았습니다.

행복은 절대적으로 느껴야 합니다. 상대적으로 바라보면 항상 불행합니다. 20억 원을 가진 사람은 50억 원을 가진 사람 앞에서 불행하다고 느낍니다. 그래서 심지어 서울대 다니는 학생이 무능력하고 실력이 없다는 것을 비관해 자살하기도 합니다. 그렇다면 서울대보다 못한 대학에 다니는 학생들은 어찌해야 합니까? 이것은 모두 상대적으로 평가하기 때문에 벌어지는 일입니다. 물론 절대적인 삶을 느낀다는 것이 쉽지는 않습니다. 기도하고 노력해야 하지요.

또 소유와 존재는 구별되어야 합니다. 자신이 존재한다는 것에 행복을 느껴야 합니다. 물질적·정신적 소유에 관심과 집착을 보이면 불행하게 됩니다. 자신을 냉철하게 바라보기 바랍니다. 건강한 육체, 찬양할 수 있는 능력과 시간, 쉴 방이 있다는 것, 대학교에 다닌다는 것 등은 모두 하나님의 복입니다.

주님의 사랑이 느껴지지 않는다고 했지요? 우선 주님을 인격적으로 만났나요? 하나님이 아버지로 느껴지나요? 마치 내 육신의 아빠처럼 내가 아파할 때 함께 아파하고, 힘들어하면 함께 힘들어하는 분으로 느껴지느냐고 질문하는 것입니다.

예수님의 사랑을 느낀다는 것은 남성인 저로서도 경험하기 힘들니다. 왜냐하면 동성 간이기 때문이죠. 여성들은 모성애가 강해서 예수님의 사랑을 쉽게 경험하기도 합니다. 어떤 교인들은 방언이나 예언 같은 은사를 통해, 질병의 치유로, 아니면 하나님의 음성이나 어떤 환상을 통해 그것을 경험한다고 합니다. 하지만 정확한 것이 아니라서 믿음이 흔들릴 수 있습니다. 무엇보다 예수님의 사랑을 알려면 성경을 통해 경험해야 합니다. 그것이 가장 확실합니다.

성경을 읽고 묵상하면서 하나님의 사랑을 발견하는 것이지요. 즉, 하나님의 마음을 읽고 사랑을 경험하는 것입니다. 의외로 쉽지만 모르는 분들이 아주 많습니다. 예를 들어 〈출애굽기〉에 나타난 하나님의 성품입니다.

"여호와께서 그의 앞으로 지나시며 선포하시되 여호와라 여호와라 자비롭고 은혜롭고 노하기를 더디 하고 인자와 진실이 많은 하나님이라" (출애굽기 34:6)

주님(예수님)의 사랑은 의외로 쉽습니다. 성경을 대충 읽어서 사랑을 느끼지 못하는 것이지요. 이를테면 예수님이 맹인을 불쌍히 보셨다는 내용이 있습니다(마태복음 9:27, 14:14, 15:32). 여기서 '불쌍하다'는 단어는 매우 특별한 뜻이 있습니다. 예수님이 맹인과 같은 마음을 느꼈다는 의미입니다. 2천 년 전, 예수님 시대의 맹인은 단순히 시력만 상실한 것이 아니었습니다. 부모에게 버림을 받고 종교적으로도 예배에 참석할 수 없었습니다. 게다가 돈도 벌 수 없는 거지였습니다. 즉, 가정적으로, 육체적·정신적으로, 사회적·종교적·경제적으로, 고통을 겪으며 동물적인 삶을 살고 있었다는 것이지요. 아무도 ㄱ 맹인을 만지지 않았고 교제를 나누지도 않았습니다. 하지만 주님은 그 냄새나고 더러운 맹인을 만져주시고 대화하신 것이지요. 그때 맹인의 마음이 어떠했을까요? 이것을 느끼면 예수님의 사랑을 아는 것입니다.

03

하나님을 인격적으로 만나고 싶어요

Q 목사님, 인격적으로 주님을 만난다는 말이 어떤 건가요? 하나님과의 개인적인 체험을 말하는 건가요? 거듭남(중생)의 체험이 꼭 있어야 하나요? 말씀을 읽고 묵상하고 성령님의 임재를 간절히 구하면 되나요? 오랜 세월 종교인으로 살아온 제가 이제는 살아 계시고 나를 구원하신 주님을 만나고 싶은데, 그 길이 무엇인지 모르겠습니다.

A 적지 않은 분들이 인격적인 주님을 만났다고 합니다. 인격적이라는 뜻은 말 그대로 하나님(예수님)이 나를 인격적으로 대하신다고 믿는 것입니다.

하나님을 인격적으로 알지 못하는 분들의 특징은 대개 이렇습니다. 하나님을 무서움이나 공포의 대상으로 여깁니다. 교회에 한 주 나가지 않거나 헌금과 십일조를 안 하면 하나님이 때리고 벌을 준다고 믿습니다. 본인이 나쁜 말이나 행동을 하면 하나님이 당장 응징한다고 믿는 것이지요. 이런 식으로 간증하는 분들이 많습니다.

하나님을 떠났기 때문에 하나님이 사고를 당하게 하시고, 질병이 생기게 하시고, 재산도 다 잃게 하셨다고 말합니다. 저도 그런 간증을 들은 적이 아주 많습니다.

어쩌면 하나님은 그런 일이 생기게 할 수도 있을 것입니다. 그러나 냉철하게 그 당사자를 바라봐야 합니다. 본인이 잘못하거나 욕심을 부리고 오판을 한 것일 수 있습니다. 대부분 자신의 방탕, 게으름, 잘못된 욕망 때문인 것을 하나님의 심판으로 여기고 책임을 전가하는 것을 쉽게 발견할 수 있습니다.

형제(자매)님의 아들이 부모님 말을 듣지 않고 나쁜 일을 하면 당장 잡아다가 다리를 분질러 버리고 때립니까? 잘못할 때마다 욕을 하며 '이놈!', '저년!' 합니까? 아니면 밥도 주지 않고 청소만 시키거나 앵벌이를 시키나요? 그렇게 하는 것을 비인격적이라고 합니다.

하나님도 마찬가지입니다. 하나님이 우리가 잘못하고 말씀 따라 살지 않는다고 때리고, 질병을 주고, 사고를 당하게 하고, 재물을 빼앗는다면 무당의 신이나 잡신과 다르지 않을 것입니다(출애굽기 34:6). 하나님은 자비로우시고 인자하시며 은혜가 많으시고 오래 참으십니다. 우리가 잘못하고 말씀 따라 살지 못할 때마다 하나님이 노하시면 지금까지 온전하게 살아 있을 사람이 단 한 명도 없을 것입니다. 목사인 저도 거지가 되고 팔다리가 다 잘려 나갔을 것입니다.

인격적으로 주님을 만난다는 말은 인격적인 하나님의 마음을 아는 것입니다. 얼마나 형제님을 사랑하시는지 아는 것입니다. 하나님의 사랑을 알면 눈물이 납니다. 저처럼 목석같은 남자도 하나님의 사랑(참고 또 참으시며 기다리시는 하나님의 사랑, 자신의 몸같이 저를 사랑하시는 그 사랑)을 안다면 하나님을 인격적으로 만났다고 말할 수 있습니다. 특히 성경을 읽으면서 예수님(하나님 포함)의 사랑을 느끼고 가슴이 뭉클해진다면 하나님을 인격적으로 만난 것입니다.

그런데 육신의 아버지가 엄격하고 무섭다고 느끼는 신자들은 대개 이 부분에서 어려움을 겪습니다. 그럴 땐 엄마를 생각하면 됩니다. 엄마도 무서웠다면 선생님, 고모, 심지어 배우자나 친구가 될 수도 있습니다. 이해하시지요? 결혼해서 자녀가 있다면 제가 무슨 말을 하는지 금방 알 수 있을 것입니다. 눈에 넣어도 안 아픈 내 새끼 말입니다.

거듭남(중생)의 체험은 반드시 있어야 합니다. 주님(하나님이나 예수님을 호칭하는 말)을 인격적으로 만날 때 '거듭났다', '다시 태어났다'는 말을 사용하기도 하는데 같은 말이라고 보면 됩니다. 거듭나지 못하면 실제로 기독교인이라고 부르기 어렵습니다. 아직 기독교 신앙에 눈도 뜨지 못한 상태라고 보면 됩니다. 즉, 종교인입니다. 거듭나지 못하고 신앙생활을 하는 신자들이 너무나 많습니다. 거듭나지 못했다는 것은 하나님을 인격적으로 만나지 못했다는 말과 일맥상통합니다.

'거듭났다', '인격적으로 만났다'고 말하는 것을 어떤 신자들은 방언이나 예언 같은 은사로 표현하기도 하는데, 저는 동의하지 않습니다. 초신자도 방언을 하고, 무당과 스님도 방언과 예언을 하고 심지어 병도 고칠 수 있습니다. 그것이 기독교에만 있는 특수한 현상이 아니라는 것이지요. 다른 종교에서도 흔히 볼 수 있는 일반적인 것임을 인식하는 것이 중요합니다. 이런 체험이나 주술적인 것을 믿거나 따라다니면 신비주의 신앙으로 가게 됩니다. 결국 종교인이 되고 하나님을 인격적으로 만나지 못할 가능성이 매우 커집니다.

'거듭난다(중생한다)'는 것은 신자의 말과 행동이 바뀌고 삶의 방식과 가치관이 변화하는 것을 의미합니다. 형제님이 자신을 바라볼 때 과거와 비교하여 인생관과 가치관, 생각과 사상이 바뀌었다면 거듭났다고 평가할 수 있습니다. 물론 거듭났다고 해서 당장 하루 아침에 삶의 모습이 달라지는 것은 아닙니다. 장고의 시간과 세월이 필요합니다. 이것을 성화(sanctification)라고 하며, 죽을 때까지 이어집니다.

노력해도 하나님이 믿어지지 않아요

Q 저는 이제부터라도 날마다 성경을 세 장씩 읽어야겠다고 다짐했습니다. 그런데 성경을 펴는 순간 태초에 하나님께서 천지를 창조하셨다는 말에 눈물이 났습니다. 그런데 어떨 때는 '하나님이 계시긴 어디 계셔!' 하는 생각이 듭니다. 이게 웬 해괴망측한 생각인지 저도 잘 모르겠습니다. 마음이 상당히 괴롭습니다.

A 박수를 보냅니다. 〈창세기〉 1장 1절부터 감동을 받아서 눈물이 앞을 가렸다면 참으로 대단한 신앙을 가진 것입니다. 아무나 그런 믿음을 가질 수는 없습니다. 그리고 부끄러워 마세요. 괴로워하지도 마십시오. 집사님만 그런 것이 아닙니다. 저도 가끔은 그런답니다. 눈에 보이지 않아서 그런 것이지요.

차라리 불상처럼 보이기라도 하면 하나님이 이것이라고 생각할 텐데 보이지 않는 하나님이므로 그런 생각이 들 수도 있습니다. 신자들 대부분이 말은 안 해도 가끔은 그런 불손한(?) 생각을 한답니

신앙 상담

다. 믿음이 없다고 놀림을 받고 무시당할까 염려가 되어 말을 못 하는 것뿐이지요. 목사들도 아주 가끔은 집사님 같은 생각을 합니다. 그런데 눈에 보이지 않는다고 해서 없는 것은 아니지요. 의문을 해결하는 데 도움이 되는 방법을 알려드리겠습니다.

어렸을 때 내 엄마가 맞나, 내 아빠가 맞나 고민한 적이 한두 번은 있었지요? 아닌가요? 특히 부모님께 호되게 꾸지람을 듣거나 야단을 맞았을 때 그랬을 것입니다. 그러나 키가 크고 생각이 자라나면 그런 마음을 가지지 않습니다.

우리는 누구나 숨으시는 하나님을 경험합니다. 《구약성경》의 〈이사야〉 말씀도 하나님을 따르는 사람들로부터 숨으시는 하나님을 이야기하고 있습니다.

"구원자 이스라엘의 하나님이여 진실로 주는 스스로 숨어 계시는 하나님이시니이다" (이사야 45:15)

심지어 예수님도 십자가 위에서 침묵하시는 하나님을 경험했습니다(마가복음 15:34). 누구나 어둡고 추운 겨울을 맞이할 때가 있다는 말입니다. 항상 따스한 봄날만 있는 것은 아니지요.

'하나님이 어디 계실까?' 하고 생각하는 것은 내가 하나님을 잘 모르고 느끼지 못해서 그러는 것이지요. 하나님을 느낄 수 있는 좋은 방법이 있습니다.

목사님 궁금합니다

첫째로, 예수님을 생각하면 됩니다. 왜냐하면 나를 본 자는 아버지 하나님을 보았다고 예수님이 말씀하시잖아요. 〈요한복음〉 14장 9절과 20장 29절을 읽으면 도움이 될 것입니다.

둘째로, 성령님을 기억하기 바랍니다. 하나님은 어디나 계십니다. 특히 내 마음속에 성령님을 통하여 들어와 계십니다.

셋째로, 해, 달, 별과 나무, 꽃 등 하나님이 아름답게 만드신 자연을 바라보기 바랍니다. 이성의 눈과 동시에 믿음의 눈으로 바라보십시오.

넷째로, 자신의 육체를 바라보기 바랍니다. 누가 내 심장을 이렇게 뛰게 하는지, 누가 나를 끊임없이 저절로 호흡하게 하는지 느껴보기 바랍니다.

05

구원의 확신이 없어요

Q 얼마 전 한 집사님이 제게 이렇게 말했습니다. "하나님은 믿는데 천국에 갈 수 있을지 모르겠어요. 그래서 화나는 일도 참고 이웃에게 본이 되려고 노력해요. 하나님이 두렵거든요." 이 말을 제가 어떻게 받아들여야 할까요?

A 구원의 확신은 필요합니다. 확신이 없으면 불안하고 의문이 많아집니다. 이로 인해 신앙생활에 자신이 없고 심지어 방황하게 됩니다. 그 집사님의 신앙생활이 힘들게 느껴집니다. 그분의 구원관이 틀렸다고 말하기는 어렵지만 올바르지 못합니다. 다른 말로 하자면, 구원의 확신이 있는데 천국에 갈 수 없다고 하는 것은 애당초 구원이 무엇인지 제대로 모르는 것이지요. 좁은 의미로 구원이 곧 천국이라는 표현을 사용할 수는 있습니다. 넓은 의미로의 구원은 이 세상에서도 그 천국을 이루어가는 것입니다.

조금 더 자세히 말하자면 구원의 확신은 성장하고 자라날 수 있습니다. 어린아이들은 엄마에게 자주 물어봅니다. "엄마가 나를 낳

앉지? 그렇지?" 하고요. 자신이 엄마의 자녀라는 확신이 없기 때문입니다. 그러나 아이가 청소년기를 지나 어른으로 성장하면 더 물어보지 않습니다. 전혀 의심하지 않기 때문입니다. 구원도 마찬가지입니다. 구원도 자라나는 것이고 확신이 커지는 것입니다.

반대로 하나님을 두려워하면 구원의 확신이 줄어들기도 합니다. 착한 말과 행위를 하면 구원을 받는 것 같고, 그렇게 하지 않으면 구원에서 멀어진다고 느낍니다. 바른 구원관을 가진 신자는 "하나님이 내 아버지인데 왜 내가 천국에 못 들어갑니까?" 하고 말합니다. 딸이 밖에서 아무리 큰 잘못을 해도 그 딸을 버리는 부모는 없으니까요.

하나님은 사랑이십니다. 구약이나 신약성경을 구분할 것 없이 사랑의 하나님이심을 잊지 마십시오. 하지만 구원을 받았다고 해서 막살거나 나쁜 짓을 일삼으면 그 사람의 구원은 처음부터 잘못된 것일 수 있습니다. 구원을 받은 사람은 반드시 착한 행동과 선한 말을 합니다. 비록 시간이 걸려도 반드시 변화합니다. 물론 때로는 악한 말과 행동을 할 수도 있고 실수도 할 수 있습니다. 목사도 마찬가지입니다. 그때마다 좌절하지 않고 회개하여 다시 출발하면 됩니다. 이런 상황은 죽을 때까지 반복될 수 있습니다. 그러나 끝까지 포기하지 않고 회개하며 하나님께 나아가야 합니다.

06

죄를 지어도 구원받을 수 있나요?

Q 하나님을 믿고 회개한다고 말하면 누구나 죄를 용서 받을 수 있나요? 그리고 내가 구원을 받았는지 어떻게 확인할 수 있나요? 구원을 받으면 계속 죄를 지어도 천국에 갈 수 있나요?

A 어느 정도는 구원이 무엇인지 알고 있군요. 구원을 받기 위해선 하나님뿐 아니라 예수님을 믿어야 합니다. 예수님은 하나님의 아들이십니다. 예수님의 십자가 공로(나의 죄를 용서해주시려고 십자가에서 죽었다는 사실)를 믿어야 합니다. 여기서 '믿는다'는 것은 단순한 용어가 아닙니다. 공산당이 쳐들어와서 내 머리에 총을 겨누고 예수를 부인하면 살려주고 인정하면 죽인다고 할 때의 대답입니다. 즉, "예수가 제 구세주임을 인정합니다"라고 고백하는 것이지요.

실제로 예수님 사후 1~4세기 초까지 이런 상황이 이어졌습니다. 수만 명이 목숨을 잃었고, 카타콤이라는 지하에서 평생 신앙을 지키고 살았습니다. 이런 것이 참된 기독교 신앙입니다. 그렇다고 믿는 것을 두려워하지는 마십시오. 순교는 아무나 하는 것이 아닙니다. 우선 교회에 나오는 것이 급선무이며, 예수님을 나의 구주로 고백하는 것이 중요합니다. 나머지는 하나님의 돌보심과 나의 노력으로 이루어집니다.

나의 죄가 회개 후에 용서를 받았는지 여부는 성경 말씀에 근거해 알 수 있습니다. 하나님은 네 죄가 용서를 받았다고 직접 나타나서 말씀하지 않으십니다. 하나님이 산신령이나 신선처럼 직접 꿈이나 환상 중에 나타나서 말씀하시는 것은 아닙니다. 다만 성경은 우리가 죄를 자백하면 붉은 죄를 양털과 같이 희고 깨끗하게 만들어 주신다고 말씀하십니다(이사야 1:18). 그것을 믿는 것입니다. 하나님은 신실하시고 거짓말을 하는 분이 아니므로 그분의 약속을 믿는 것이지요.

그리고 구원받은 후 죄를 짓는 행동에 대한 의문은 매우 중요하면서도 어려운 질문입니다. 우선 하나님을 진실로 믿는 사람은 반복적으로, 또 의도적·계획적으로 죄를 지을 수 없습니다. 동일한 죄의 횟수가 줄어들고 시간 간격이 멀어지게 됩니다. 매일 짓던 죄를 삼사일에 한 번 짓기도 하고 죄의 강도도 약해집니다. 물론 때로는 더 심하게 죄를 짓거나 죄의 간격도 더욱 좁혀질 수가 있습니다. 그러나 몇 년, 아니 오랜 세월이 지나다 보면 최소한 죄를 덜 짓고 강도도 약해진다는 것을 알 수 있습니다. 이것을 '성화(거룩하고 구별된 삶을 사는 짓)'라고 하는데, 매우 중요한 신학적 용어입니다.

성화를 인정하지 않는 교인이나 단체는 이단이라고 보아도 과언이 아닙니다. 아니, 한국의 정통교회에 이런 신자들이 아주 많습니다. 한번 구원은 영원한 것이라 믿어 마음 놓고 죄를 저지릅니다. 불신자와 동일하게 죄를 반복적으로 범하지요. 먹고 미시고 놀며 죄를 밥 먹듯이 범합니다. 이것이 옳을까요? 성경은 그런 것에서 떠나라고, 지옥에 갈 수 있다고 경고합니다.

이런 이야기가 있습니다. 어떤 사람이 천국에 갔다고 합니다. 그는 그곳에서 세 번 놀랐다고 합니다. 첫째, 천국에 올 것이라고 생각할 수도 없는 신자가 천국에 있었다는 것이요, 둘째, 천국에 반드시 올 것이라고 생각하는 신자가 천국에 없었다는 것이요, 셋째, 자신이 천국에 있더라는 것입니다.

잘 생각해보십시오. 기독교는 생각하고 묵상하는 종교입니다. 단순히 교회에 출석하고 헌금하고 봉사해서 복을 받는 저차원적인 종교가 아닙니다. 많은 고민과 생각과 기도를 통해 나의 현실에서 하나님을 발견하고 그 사랑을 실천하며 살아가는 인격적인 종교입니다. 타종교가 따라올 수 없는, 인간의 역사 속에서 함께 웃고 우는 위대한 종교가 기독교입니다.

목사님 궁금합니다

07

하나님은 구원할 사람을 이미 정하셨나요?

Q 목사님. 하나님께서는 구원할 사람을 이미 정하셨나요? 누군가는 하나님을 만날 기회가 있지만 불신자가 되는 경우도 있고, 누군가는 하나님의 존재 자체를 몰라서 불신자가 되는 경우도 있습니다. 믿지 않는 사람은 구원을 받지 못하는데, 구원받을 사람을 하나님이 선택하시는지요?

A 하나님께서 구원할 사람을 이미 결정하였다고 보는 것이 예정설(豫定說)입니다. 주로 장로교에서 주장하는 교리입니다. 저도 장로교 목사이지만 예정이 있다고 봅니다. 아무리 설득하고 당부하여도 예수님을 받아들이지 못하고 믿지 않는 불신자들이 있기 때문이지요.

불신자 가운데는 죽기 직전 "예수님이 나를 천국으로 인도할 것을 믿는다"는 말에 고개를 까딱하는 것조차 거부하는 사람들이 부지기수입니다. 그래서 이중예정설(하나님이 영생을 얻을 사람과 형벌을 얻을 사람도 미리 결정하여 놓음)도 등장하게 되지요. 그러나 저는 이중예정설이 너무 가혹하다고 봅니다. 하나님은 예정 속에 없는 사람이라도 그가 만약 예수를 믿으려고 한다면 그 사람을 구원의 예정 속에 반드시 포함하시리라고 저는 생각합니다.

세 의견은 감리교의 예지예정설(하나님의 부름과 선택에 응답할 사람만을 예정)과 비슷한 측면이 있지만 본질적으로는 다릅니다. 감리교는 예지예정설을 믿으므로 장로교보다 하나님의 주권을 약하게 수용합니다. 어쩌면 대립각을 세운다고도 평가할 수 있습니다. (자세한 비교는 질문 내용과 동떨어지므로 하지 않습니다.)

예수를 믿고 싶어도 기회가 없어서 믿지 못하는 사람들이 있습니다. 특히 한국에 복음이 들어오기 이전(19세기 말) 사람들도 포함이 되겠지요. 우선 그들은 자신의 양심에 따라서 심판을 받을 수 있습니다. 그러나 사람마다 양심의 발달 여부가 다르므로 양심이 구원의 조건이 되는 데 완전하지는 못합니다.

또 예수를 모르는 사람들과 예수를 알고도 믿기를 거부하는 사람들은 형벌의 차이가 있으리라고 봅니다. 예수가 누구인지 알면서도 믿지 않은 사람들의 경우 그렇지 않은 사람보다 형벌이 더 심할 것이라고 생각합니다.

하지만 어떤 경우라도 형벌을 피할 수 없다고 보는 것이 정통신학입니다. 왜냐하면 자연계를 통하여 하나님의 존재를 알 수 있었으니까요. 다만 형벌의 차이(강도)는 있을 수 있다고 봅니다.

08

착하게 살아도 예수를 안 믿으면 지옥 가나요?

Q 기독교에서 죄는 원죄(아담과 하와가 저지른 죄가 지금까지 내려오는 것)와 현재 자신이 짓는 죄(자범죄)로 나눠진다고 합니다. 그러면 자신이 지은 죄가 없는 사람도 예수를 믿지 않으면 지옥에 가나요? 우리는 왜 태어날 때부터 아담과 하와가 저지른 일 때문에 원죄를 갖게 되었나요? 그저 우리가 그 후손이기 때문인가요?

A 예, 그렇습니다. 기독교는 죄에서 출발하는 종교입니다. 따라서 죄를 모르면 진정한 기독교인이 될 수 없습니다. 기독교에서 죄는 매우 중요합니다. 하나님은 죄의 문제를 해결하지 못한 사람과는 교제할 수도 만날 수도 없습니다. 왜냐하면 하나님은 죄를 싫어하시는 매우 거룩한 분이시기 때문입니다.

말씀하신 것처럼 죄는 원죄와 자범죄로 나뉩니다. 또 자범죄에는 내가 인식하는 죄와 인식하지 못하고 지은 죄가 있습니다. 즉, 알면서 지은 죄가 있고 몰라서 지은 죄도 있지요. 이 두 가지를 모두 해결하지 못하면 천국에 갈 수 없습니다. 앞서 말했다시피 하나님은 죄를 몹시 싫어하십니다.

죄가 없는 사람도 있다고 하셨지만, 내가 알지 못하고 지은 죄가 얼마나 많은지 모릅니다. 예를 들어 마음속으로 상대방을 시기하고 질투하고 미워한 죄, 남을 살짝 속인 죄, 한국의 모든 실정법을 시키지 않은 죄 등 헤아릴 수 없이 많습니다. 심지어 성경에서는 타인을 미워하거나 바보라고 말하면 지옥에 간다고 합니다. 따라서 이 세상에 예수님 이외에는 모두 죄인이라고, 의인은 없고 모두 죄인이라고 성경은 말씀합니다.

하지만 예수님을 자신의 구세주로 믿으면 의인이 됩니다. 실제로는 죄인이지만 하나님이 보시기에 예수님의 십자가 은혜(선물)로 의인이 되는 것입니다. 따라서 예수님을 믿지 않는 사람은 아직도 죄인이므로 천국에 갈 수 없으며, 영생을 소유할 수 없습니다. 하나님의 자녀가 되지 않았으므로 천국에 있는 아버지의 집으로 갈 수 없습니다. 하나님과 아무 관계가 없는 사람이 어떻게 하나님이 계신 집으로 갈 수 있겠습니까?

이해가 잘 안 된다면 이렇게 비유해보겠습니다. 아들이 큰 죄를 지어서 교도소에서 20년을 살았다고 가정합시다. 그 후에 지은 죄를 뉘우치고 성실하게 수감 생활을 하여 조금 일찍 출소했습니다. 아들이 집으로 돌아가면 부모님이 그를 버릴까요? 아니요, 그렇지 않습니다. "내 아들 고생하였다"고 반기며 맛있는 음식과 옷을 주고 푹 쉬라고 할 것입니다. 그런데 부모님이 없는 사람은 어떨까요? 출소해도 돌아갈 곳이 없습니다.

마찬가지입니다. 하나님과 예수님을 믿지 않으면 천국에 갈 수 없습니다. 이것은 약속입니다. 거절할 수 없는 약속입니다. 예수님을 믿고 하나님을 아버지라고 고백해야 합니다. 하나님은 자신을 아버지라고 부르지 않는 사람을 자신의 집으로 들어오라고 할 수 없습니다. 오직 아들과 딸만 아버지가 계신 집으로 들어갈 수 있지요.

내 옆집 아이는 단순히 옆집 아이일 뿐입니다. 아이가 아무리 예쁘고 착하고 공부를 잘해도 내가 죽으면 그 아이에게 유산을 물려주지 않습니다. 법적으로 아무 관계가 없지 않습니까? 따라서 세상과 사회에서 아무리 착하고 선한 행위를 하여도, 심지어 불교나 이슬람교를 믿어 고행을 하고 선행이나 수행을 하여도 하나님 아버지와 아무 관계가 없으므로 천국에는 갈 수 없습니다.

또한 원죄는 단순히 선악과라는 과일 한 개의 문제가 아닙니다. 더 심오한 비밀이 숨어 있지요. 하나님은 그들을 사랑하여 모든 과일을 다 먹게 하셨습니다. 단, 한 가지 약속을 지키도록 했습니다. 바로 선악과라는 과일을 먹으면 하나님이 될 수도 있으니 먹지 말라는 것이었지요. 온 우주 만물을 창조하고 관리하는 하나님의 위치로 올라가지 말라는 것입니다. 즉, 그들이 하나님이 되지 말라는 것입니다. 하나님은 창조주요, 그들은 피조물이라는 것이지요. 이것을 위반하면 명백한 반역입니다. 조선 시대 같으면 삼족을 멸하여 씨를 말렸을 것입니다.

아담과 하와는 단순한 개인이 아닙니다. 그들은 하나님과 약속을 체결한 대표자입니다. 그들의 언행이 바로 우리의 언행이 됩니다. 그들의 잘못이 내 잘못이 되고, 그들의 선행이 나의 선행이 됩니다. 예를 들어봅시다. 만약 올림픽에서 한국 선수가 금메달을 따면 한국이라는 국가가 메달을 딴 것으로 여겨집니다. 그래서 우리는 내가 메달을 딴 것처럼 기뻐합니다. 또한 한국 축구팀이 온두라스와의 시합에서 졌는데 내가 패배를 인정하지 않을 수 있나요? 대표팀이 패배한 것이지 내가 진 것이 아니라고 아무리 항의해도 한국이라는 나라가 진 것을 받아들여야 합니다. 아담과 하와의 선악과 문제도 마찬가지입니다. 그들의 죄는 우리의 죄, 아니 형제(자매)님의 죄와 저의 죄가 됩니다.

그리고 그들의 죄성(罪性)도 물려받았습니다. 성경은 그들의 자손인 가인과 아벨, 노아와 후손 등 수많은 사람의 죄와 악을 보여주고 있습니다. 아니, 〈창세기〉부터 마지막인 〈요한계시록〉까지 죄와 악이 반복되고 있다는 것을 우리에게 보여줍니다.

오래전 돌도 지나지 않은 제 손자가 죄를 짓고 숨는 것을 보고 놀란 적이 있습니다. 큰 죄는 아니고 자그마한 잘못을 하고 식탁 밑으로 숨은 것입니다. 뉴스를 보면 단 하루도 범죄 없이 지나가는 날이 없습니다. 저도 단 하루도 죄를 짓지 않는 날이 없습니다. 집에 하루 종일 혼자 있어도 마찬가지입니다. 태만, 거짓, 과도한 욕심과 욕망이라는 죄가 제 마음속에 도사리고 있습니다. 다른 사람들은 제가 죄를 짓지 않았다고 하지만 하나님 앞에서 저는 여전히 죄인일 뿐입니다. 정확히 말해서 죄인인 동시에 의인이라는 말이지요.

09

동물은 천국에 못 가나요?

Q 저는 8년째 애완 토끼를 키우고 있습니다. 나이가 많은 토끼가 무지개다리를 건너면 어쩌나 걱정 속에 삽니다. 한없이 착하고 순진한 우리 토끼가 죽어서 천국에 갈 수는 없는 건가요?

A 많은 신자들이 다음과 같은 주장을 믿습니다.

"동물은 혼이 있지만 영이 없다. 하지만 인간은 혼과 영이 모두 있다. 그리고 영혼도 있다."

위의 주장은 〈전도서〉 3장 21절 말씀에서 나온 듯합니다. 우선 〈전도서〉 말씀을 여러 가지 한글 번역 성경으로 보겠습니다.

"인생들의 혼은 위로 올라가고 짐승의 혼은 아래 곧 땅으로 내려가는 줄을 누가 알랴" (개역개정, 개역한글)

"사람의 영은 위로 올라가고 짐승의 영은 아래로 내려간다고 하지만, 누가 그것을 알겠는가" (새번역)

"사람의 영혼은 위로 올라가고 짐승의 혼은 땅속으로 내려간다고 하는데 그것을 누가 알겠는가" (우리말성경)

"사람의 숨은 위로 올라가고 짐승의 숨은 땅속으로 내려간다고 누가 장담하랴" (공동번역)

번역 성경마다 모두 다르게 해석되지요? 영과 혼, 영혼의 차이가 없다는 말입니다. 히브리어 원어에 '루아흐'라는 말이 나옵니다. 루아흐는 '호흡, 생명, 영'이라는 의미입니다. 즉, 인간이나 동물이나 동일하게 성경은 루아흐라고 기록하고 있습니다. 따라서 "동물은 혼이 있으나 영은 없고, 인간은 영혼이나 영과 혼이 있다"는 것은 잘못된 지식일 가능성이 높습니다.

이런 말을 한 목사님은 삼분법을 채택한 결과로 보입니다. 삼분법에서 '혼'은 모든 사람(신자와 불신자 포함)이 가지고 있는 것이고, '영'은 하나님과 교제하는 부분이라고 주장합니다.

그렇다면 "불신자는 영이 잠자거나 죽어 있다가 신자가 되면 영이 깨거나 부활하게 되느냐?"는 질문이 나올 수 있습니다. 인간은 전적 타락인데 혼은 타락하고 영은 타락하지 않는다는 것도 문제가 됩니다. 문제는 여기에서 끝나지 않습니다. 동물의 영혼과 사람의 영혼은 같으냐, 다르냐 하는 것이지요.

사견으로는 동물에도 영혼(혼, 영)이 있다고 봅니다. 앞에서 본 성경 본문이 증거가 됩니다. 그러나 중요한 것은 동물은 하나님과 교제할 수 없다는 점입니다. 동물은 하나님을 기쁘시게 할 수 없습니다. 동물과 인간이 다른 점은 하나님이 인간을 만들 때 직접 코에 생기를 넣어주셨다는 것입니다(창세기 2:7). 인간에게는 하나님의 특별한 창조, 배려, 선택이 있었다는 것을 의미합니다.

인간은 하나님과 교제할 수 있습니다. 인간은 기도하고 찬양하고 예배할 수 있습니다. 그러나 동물은 불가능합니다. 하나님을 찬양하고 예배하는 강아지나 고양이가 있나요? 예수님을 믿고 회심하고 회개하는 동물이 있나요? 단 한 마리도 없었고, 앞으로도 없을 것입니다.

동물과 사람이 다른 것은 사람만이 하나님의 형상을 따라 만들어졌다는 것입니다. 성경에는 어느 동물도 하나님의 형상을 따라 만들어졌다는 표현이 없습니다. 하나님의 형상을 따라 만들었다는 것은 지정의(知情意)와 밀접한 관계가 있다고 보는 것이 지배적입니다. 하나님의 지정의를 사람이 닮았다는 것이지요. 하지만 동물은 지정의가 있다고 보기 어렵습니다. 부분적으로 약간 있을 수 있지만 동물은 하나님의 명령을 준행하거나 수행할 지정의가 없습니다.

동물에게 혼과 영, 영혼이 있느냐 없느냐가 중요한 것이 아닙니

목사님 궁금합니다

다. 또 어떤 용어를 선택하느냐가 중요한 것이 아닙니다. 중요한 것은 하나님과의 관계 여부입니다. 관계가 없으면 서로 간에 아무런 의미가 없습니다. 대인관계에서 가장 무서운 것은 무관심입니다. 하나님과 인간 사이에도 관계가 존재합니다. 특히 신자는 아버지와 자녀 관계가 이루어집니다. 하나님과 동물 사이에는 그런 관계가 없습니다. 단지 창조자와 피조물이라는 관계 이상은 존재하지 않습니다. 십자가의 은혜는 사람에게만 적용됩니다. 하지만 그 구원의 효과는 예수님의 재림 때 동물을 포함한 온 우주와 만물에 적용될 것입니다. 어떤 방식으로 일어날지 성경은 명확하게 말하지 않습니다.

그렇다고 하나님이 동물을 괄시하거나 무시하는 것은 아닙니다. 하나님은 동물을 만드시고 좋았다고 말씀하십니다(창세기 1:21). 그리고 동물에게도 생육하고 번성하여 충만하라고 복을 주셨습니다(창세기 1:22). 하나님은 동물도 불쌍히 보시고 먹이고 입히십니다(출애굽기 34:26 / 민수기 20:8 / 시편 36:6 / 시편 104:11 / 이사야 104:26~28 / 요나 4:11 등). 또한 그런 동물을 잘 다스릴 수 있는 권한과 의무를 인간에게 주셨습니다(창세기 1:28). 그래서 사람이 이유 없이 동물과 자연을 파괴하거나 점령하는 것은 매우 부당합니다.

마지막으로 동물이 죽은 후에 낙원으로 가느냐, 음부로 가느냐는 질문에는 정답이 없습니다. 일반적으로 동물의 혼(영혼, 영)은 땅(음부)으로 내려간다고 하는 의견이 우세합니다(전도서 3:21). 물론 이런 해석에도 이견이 있습니다. 즉, 동물이 음부로 내려가는 것을 아무도 모른다고 해석하기도 하는데(새번역, 우리말성경, 공동번역), 저는 이에 동조하지 않습니다. 그 구절보다 더 중요한 것은 모든 우주와 자연이 예수님의 재림으로 회복되므로 동물도 천국에 있을 수 있다고 보는 견해입니다(이사야 11장 / 요한계시록 22장).

10

거듭나면 성경이 다 믿어지나요?

Q 회개하고 거듭나면 성령님이 임재하셔서 모든 성경 말씀이 믿어진다고 합니다. 저도 그렇게 되기를 간절히 소망합니다. 정말로 거듭나면 성경이 다 믿어지나요?

A 우선 성령의 임재와 성령 충만은 구별이 됩니다. 성령의 임재는 예수님이 구세주임을 고백하는 순간 이루어집니다. 이때 신자에게 성령님이 임재하시면 이후 영원히 떠나가지 않으십니다. 세례를 받을 때도 마찬가지로 성령님이 임재하십니다. 예수님은 "영원히 너희와 함께 하리라"고 약속하셨고(마태복음 28:20), 성령님도 영원히 우리와 함께 있겠다고 하셨습니다(요한복음 14:16).

(특정 교단은 방언 같은 은사를 받지 못하면 성령님의 임재가 없다고 합니다만, 동의하지 않습니다. 기복신앙이나 신비신앙으로 몰고 가는 지름길이기 때문입니다. 질문과 다소 동떨어지므로 자세한 설명은 생략합니다.)

그러나 성령의 임재와 성령 충만은 다릅니다. 성령 충만은 말씀을 읽고 묵상하며 정직하고 올바른 삶을 살 때 가능해집니다. 그러나 말씀과 반대의 삶을 살면 성령님의 활동력이 줄어듭니다. 즉, 세상적인 삶을 살수록 성령 충만과는 거리가 멀어집니다. 그래서 항상 성령 충만을 위해 노력하고 회개하는 삶을 살아야 하는 것이지요.

그리고 "회개하고 거듭나면 성령님이 임재하셔서 모든 성경 말씀이 믿어진다"는 주장은 거짓말이거나 성경을 잘 모르는 분의 이야기라고 단호하게 말할 수 있습니다. 결단코 그렇지 않습니다.

성령 하나님은 성부 하나님, 성자 하나님과 동일하게 지정의를 가진 인격체 하나님이십니다. 모든 말씀이 믿어진다면 맹신의 신앙을 갖게 될 가능성이 높아집니다. 이런 식으로 믿으면 성경을 주술책이나 점을 치는 도구쯤으로 여기게 됩니다. 성경은 그런 책이 아니지요.

한편, 왜 그런 말씀을 하는지 이해는 갑니다. 하나님의 말씀이 다 믿어져서 믿음이 좋은 신자가 되고 하나님의 복을 받는 신자가 되고 싶어서가 아닐까요? 저도 성경을 안다고 하지만, 모르는 부분이 적지 않습니다. 어떤 내용은 주석을 세밀하게 읽어도 믿어지지 않기도 합니다.

성경은 하나님의 영으로 기록이 되었지만, 인간의 생각과 경험, 학식 등도 포함된 거룩한 책입니다. 즉, 하나님과 인간의 공동 작품입니다. 성경을 읽다 보면 이해할 수 없는 부분도 적지 않고 동의할 수 없는 내용도 있습니다. 그런 것을 놓고 기도하면서 그냥 넘어가거나 관련 서적(주석 포함)의 도움을 받을 수도 있습니다. 또한 신뢰할 수 있는 목사님에게 질문하다 보면 알게 되지요. 어떤 본문은 평생 모를 수도 있습니다. 그런 구절은 남겨 놓았다가 나중에 천국에 가서 이렇게 여쭈어보는 것입니다.

"하나님, 이게 무슨 말씀인가요?"

"베드로님, 그때 왜 그러셨어요?"

"그게 정확히 무슨 말인지요?"

천천히 성경을 공부하고 묵상하기 바랍니다. 기독교는 믿음도 은사도 중요하지만, 우리의 머리와 지식과 지혜도 매우 중요하게 작용하는 종교입니다. 그래야 지금 같은 말세에 이단과 사이비의 공격에 넘어가지 않습니다. 또 은사나 능력이 없다고 고민할 필요도 없습니다. 은사주의나 신비로운 현상을 추종하는 신자는 백발백중 이적과 기적을 보이는 거짓 그리스도들과 거짓 목자를 따라간다고 예수님도 경계하셨습니다(마태복음 24:24 / 마가복음 13:22).

말세에는 잘못 가르치는 삯꾼 목자의 가르침에 넘어가지 않아야 합니다. 하나님을 인격적으로 만나는 것이 중요한 이유입니다.

11

성령 영접과 하나님의 음성

Q 요사이 매일 기도를 길게 합니다. 성령을 영접한다는 것이 어떤 느낌이고, 그렇게 되려면 어떻게 해야 하는지 궁금하네요. 성령이 임하시면 기쁨이 넘친다고 하는데 왜 제 마음에는 기쁨이 없을까요? 하나님의 음성도 듣고 싶습니다.

A 예수를 믿으면(예수님이 나의 죄를 용서해주셨고, 예수님은 나의 주인이심을 고백함) 성령님이 나의 마음에 임하십니다. 성령님을 영접하였다는 것은 곧 성령님이 내 마음에 임재하셨다는 것을 말합니다. 어떤 사람은 자신의 마음에 성령이 임하신 줄 모르기도 합니다.

개혁 신앙은 예수를 믿으면 성령님이 마음에 임재한다고 믿습니다. 특정 계통의 교회들은 방언 같은 은사를 받아야 성령이 임했다고 하지만 개혁 신앙은 이를 받아들이지 않습니다. 방언 같은 은사를 받은 신자이거나 받지 못한 신자이거나 성령님은 임재하는 것이지요.

신비한 은사의 유무가 신앙생활에서 중요한 것은 아닙니다. 그보다는 신앙의 열매가 더 중요합니다. 회심하고 거듭나거나 하나님을 인격적으로 만났다는 것이 더 소중합니다. 또 방언, 신유 같은 은사도 불교나 이슬람교, 심지어는 무속인들도 가능하다는 것을 기억해야 합니다. 저도 과거에는 방언을 하였지만 지금은 하지 않습니다.

성령님이 임하시고 충만하면 어떤 신자들은 기쁘고 행복하다고 느끼기도 합니다. 그러나 아무 느낌이 없을 수도 있습니다. 사람마다 다르므로 어느 것이 옳다고 말할 수는 없습니다. 다만 분명한 것은 성령님이 임하시면 죄를 회개하고 성경을 읽고 싶고 교회에 자주 나가고 싶어집니다. 하나님 말씀을 따라 살고 싶고, 죄에 민감해지고, 기도하고 싶어집니다.

따라서 이런 현상이 생긴다면 성령님이 내 마음에 들어오셨다고 믿으십시오. 내 마음에 들어온 성령님은 절대로 우리를 떠나지 않는다는 것을 기억해야 합니다.

기도는 소리나 눈을 감는 자세보다 마음가짐이 더 중요합니다. 거짓과 가식이 없는 기도를 하나님은 원하십니다. 솔직하고 정직한 기도가 중요합니다. 말을 하든 속으로 하든 중요하지 않습니다. 말을 하지 않는 기도는 잡념이 생기고 분심이 생기기 쉽기 때문에 권장하지 않습니다. 저도 말을 하지 않고 속으로 기도하다가 잡념이 생기면 자신만 알아들을 수 있는 목소리로 기도합니다. 물론 아주 가끔은 큰 소리로 기도하기도 합니다. 운전 중에는 눈을 뜨고 말하면서 기도합니다.

기도할 때 꼭 무릎을 꿇을 필요는 없습니다. 물론 자신이 죄인이라고 느껴지거나 잘못을 뉘우칠 때는 무릎 기도도 좋습니다. 그러나 힘이 들고 발이 저려서 오래 하지 못합니다. 그냥 양반다리도 좋습니다. 또는 걸어가면서, 밥을 먹으며, 공부하면서, 잠자리에 누워서도 기도하면 됩니다. 수시로 무시로 기도하는 것입니다. 물론 시간을 정해놓고 기도하는 것도 좋습니다.

때로는 기도할 때 아무 말도 나오지 않을 수 있습니다. 너무 피곤하거나 괴로울 때는 그냥 '하나님! 아버지! 주님'만 외쳐도 됩니다. 아니, 슬플 때는 그냥 우세요. 사랑하는 아버지 앞에서 그냥 우는 것입니다. 그게 기도입니다.

기도의 응답을 확인하기 원하면 노트를 만들어서 기록해보십시오. 언제 무슨 내용으로 기도하였으며, 언제 응답이 이루어졌는가를 기록하면 신앙생활에 매우 유익합니다. 하나님이 얼마나 내 기도에 응답하셨는지 알게 될 것입니다. 특히 기도의 응답이 더디거나 없다고 느껴질 때 기도 노트를 열어보십시오. 그러면 내 마음에 다시 확신이 생깁니다. 또 어떤 기도는 몇 년, 아니 몇 십 년이 지나도 응답이 이루어지지 않는 것을 경험합니다. 아마 그것은 내 자녀 때, 아니면 손주 때 이루어질 것입니다.

또한 하나님의 음성은 성경적으로 잘 판단해야 합니다. 이것은 많은 신자가 실수하는 부분입니다. 하나님의 응답은 여러 가지로 들립니다. 설교, 책, 성경, 사람의 조언들을 통해서 알 수 있습니다.

목사님 궁금합니다

하나님의 음성을 감정이나 느낌에 치중해 받아들이는 것은 바람직하지 않습니다. 신앙생활은 그런 신비에 집중하면 잘못된 신앙으로 갈 소지가 많습니다. 교회사적으로 보면 신비주의 신앙의 말로는 대개 이단이나 사이비로 가는 경향이 있었습니다.

12

하나님의 뜻과 나의 의지, 뭐가 더 중요한가요?

Q 기도 응답을 받을 때 나 혼자 의미를 부여하는 것인지, 정말 하나님이 주신 마음인지 헷갈립니다. 그리고 하나님이 주신 마음과 내 자유의지대로 판단하는 것 중에 어느 쪽이 더 중요한지도 궁금합니다.

A 정말 쉽지 않은 문제입니다. 그리스도인이 고민하는 문제 가운데 하나가 기도의 응답에 대한 사항입니다. 또 일상생활에서 어떤 사안을 결정하고 실천할 때 하나님의 마음과 내 의지 사이에서 많이 갈등합니다.

우선 응답에는 세 가지 경우가 있습니다. 바로 하나님의 응답과 나 자신의 응답 그리고 사탄의 응답입니다. 사탄의 응답은 다른 사람을 미워하고 저주하는 것, 나쁜 생각으로 계획을 꾸미거나 실행하는 것으로 볼 수 있습니다. 그래서 사탄의 응답을 받으면 마음에 평화가 없고 불안하거나 초조하지요. 이웃을 사랑하지 못하기 때문입니다.

여기서 하나님의 응답과 자신의 응답을 구별하기는 쉽지 않습니다. 어떤 마음이나 생각이 하나님이 주신 것인지 나의 마음인지 알기 힘들기 때문입니다.

쉽게 설명하자면, 어떤 생각과 마음이 100퍼센트 하나님의 음성이라는 판단이 들어도 성경적인 주제와 흐름에 맞는지 살펴봐야 합니다. 예를 들어 하나님을 사랑하고 이웃을 사랑하라는 마음이 들면 그냥 받아들이고 실천해도 됩니다. 성경은 이웃을 사랑하는 것이 온 율법과 계명을 지키는 것이라고 말하고 있기 때문입니다.

"온 율법은 네 이웃 사랑하기를 네 자신 같이 하라 하신 한 말씀에서 이루어졌나니" (갈라디아서 5:14)

예를 들어 제가 한우 갈비탕 전문점을 한다고 합시다. 기도하는 도중에 '아, 한우에 수입우를 조금만 섞자', '1등급 대신 2등급을 써도 모르겠지' 하는 생각이 들 수 있습니다. 이는 이웃 사랑에 어긋나는 생각입니다. 이 경우는 사탄이 주는 나쁜 생각이거나 나의 악한 죄성에서 나오는 마음입니다.

기도하는 중 '내가 주님을 대하듯 손님께 봉사하자', '우리 식구가 먹을 음식을 만드는 것처럼 손님에게 제공하자' 하는 마음이 들면 이웃 사랑에 포함됩니다. 이 마음은 하나님이 주신 것일 수도, 내가 한 생각일 수도 있습니다. 하지만 어느 쪽이든 중요하지 않습니다.

다만 "하나님, 제게 이런 생각을 하게 해주시니 감사합니다" 하고 기도할 수 있습니다. 하나님은 이 기도를 통해 기뻐하시고 영광을 받으십니다.

이처럼 성경의 큰 맥락과 함께한다면 하나님이 주신 마음이든 나의 선한 마음이든 중요치 않습니다. 매일 하나님의 말씀대로 순종하려고 노력하는 그리스도인이라면 자신의 자유의지대로 살아가도 괜찮습니다.

이를테면 어떤 중요한 일을 두고 습관적으로 이렇게 말하는 사람이 있습니다.

"우선 기도하고 결정하겠습니다."

이 말만 들으면 언뜻 훌륭한 신앙인으로 보입니다. 그러나 저는 그의 믿음을 의심하게 됩니다. 어린아이의 신앙을 가졌거나 율법적인 신앙을 가진 것으로 말이죠. 저 같으면 일단 부딪혀봅니다. 그러고 나서 판단하고 결정합니다. 그래도 결정이 어려우면 하나님께 기도합니다.

내가 하나님과 동행하는 사람이라면 어떤 선택의 과정에서 오래 망설이지 않습니다. 하나님 사랑인지 이웃 사랑인지 분별할 수 있다면 선택이 어렵지 않습니다. 도리어 자기가 결정하고는 하나님이 응답하셨다고 상대방의 기선을 제압하는 경우가 흔합니다.

특히 목회자가 교인들에게 이런 말을 할 때 그렇습니다. 교회당을 건축하기로 결정하는 과정에 "목사인 내가 응답을 받았다. 하나님이 계실 성전을 건축하라고 하나님께 응답을 받았다"고 말합니다. 그러면 김 장로님, 박 장로님, 심지어 말이 많은 이 권사님도 꼼짝 못 합니다. 하나님이 결정하시고 말씀하셨다는데 감히 누가 거부할 수 있겠습니까?

하지만 그것은 목사 자신의 결정일 가능성이 큽니다. 왜냐하면 성전은 이미 지구상에서 사라진 지 2천 년이 지났습니다. 심지어 이스라엘에도 성전은 없습니다. 성경에서 우리 자신이 성전이고 예수님 자신이 성전이라고 말씀하시기 때문입니다.

마찬가지로 누구와 연애하다가 헤어질 때 "하나님이 너와 만나지 말라고 하는 것 같아"라고 말하면 상대방에게 큰 상처가 됩니다. 상대방은 하나님께 버림받고 다시 한 번 이성에게 버림받은 것이니까요. 결국 하나님을 망령되이 일컫는 것이 됩니다.

일상의 삶 속에서도 결정의 갈림길을 만날 때가 아주 많습니다. 이때 이정표가 이웃 사랑과 하나님 사랑이 맞는지 떠올려보십시오. 그렇다면 결정은 의외로 간단하고 단순합니다. 내 자유의지도 하나님의 말씀대로 움직이게 된다는 것이지요.

예를 들어봅시다.

서울대 공대로 갈까요? 연대 의대로 갈까요? 답은 의외로 간단합니다. 아무 데나 가도 됩니다. 본인의 가정 형편, 취향, 능력에 따라 결정하면 됩니다.

훈남에다 키도 크고 돈이 많은 불신자가 좋을까요? 얼굴도 평범하고 키도 보통이고 직업도 그저 그렇지만 신앙심이 있는 형제가 좋을까요? 답은 간단합니다. 후자입니다.

500만 원이나 소요되는 호주의 컨퍼런스에 참석해야 하나요? 아니면 포기해야 하나요? 저 같으면 포기합니다. 왜냐하면 컨퍼런스란 단어 그대로 회의 또는 협의라는 뜻입니다. 그런데 거기서 회의나 협의를 합니까? 아닙니다. 그저 노래하고 박수치고 기도하고 설교를 듣습니다. 대신 지역 주민센터에 연락해서 어렵고 힘들게 사는 분에게 그 돈을 드리면 어떨까요? 하나님이 영광을 받으십니다.

장로교인가요, 성결교인가요? 조용하고 엄숙한 분위기를 원한다면 장로교요, 조금 뜨겁게 찬양하고 은사를 원한다면 성결교를 가면 됩니다. 장로교 중에서도 개인의 구원을 우선시한다면 예장(예수교장로회)을 갈 것이고, 사회적 구원을 원한다면 기장(기독교장로회)을 선택하면 됩니다. 그러나 그보다 중요한 것은 담임목사의 목회 방향과 철학입니다. 나머지는 기도하면서 마음의 평화가 있는 쪽으로 결정하면 됩니다. 나중에 좋은 결과가 나오면 하나님의 은혜요, 결과가 좋지 못하면 하나님의 어떤 의미, 의도, 목적이 있다고 믿어야 합니다.

"사람이 마음으로 자기의 길을 계획할지라도 그의 걸음을 인도하시는 이는 여호와시니라"(잠언 16:9)

13

하나님은 왜 인간이 죄를 짓게 만드셨나요?

Q 하나님은 전지전능하시다고 합니다. 그리고 하나님은 천사와 인간을 만드셨습니다. 또한 자유의지도 주셨죠. 전지전능하다는 것은 과거와 현재, 미래를 모두 안다는 것인데, 모든 것을 아시는 하나님이 왜 인간을 죄를 짓게 만드셨나요?

A 하나님을 내 손아귀에 놓고 이렇다 저렇다고 평가하는 분들이 있습니다. 그것은 오해가 아니라 잘못입니다. 내가 하나님을 안다고 하는 순간, 자신이 하나님이 되거나 하나님보다 더 높아지는 과오를 범합니다.

하나님의 전지전능(모든 것을 알고 모든 것을 행할 수 있음)의 범위는 우리가 말로 표현할 수 없습니다. 인간인 제가 어떻게 감히 설명할 수 있습니까? 아무리 저명한 신학자나 목회자라도 설명할 수 없습니다. 만약 그 전지전능의 범위를 안다면 그가 바로 하나님이 됩니다.

그럼에도 한 가지 분명한 것이 있습니다. 전지전능에 대한 오해입니다. 하나님은 전지전능하시지만 진리를 거스르시지는 않습니다. 하나님은 물이 아래에서 위로 흐르게 하실 수 없고, 해가 서쪽에서 떠서 동쪽으로 지게 하실 수 없습니다. 하나님은 논리적으로 불가능한 일을 하시지 않습니다. 그렇지 않고 논리를 벗어난 일을 한다면 하나님이 어리석으시고 자연 질서나 원칙을 파괴하는 것이 됩니다. 이로 인해 인간은 큰 혼란에 빠질 것입니다. 거짓과 악이 판치는 세상이 되기 때문입니다. 따라서 비논리적인 일이나 하나님의 속성(일종의 성격과 성품)에 위배되는 일을 못한다고 하여 하나님의 전지와 능력에 흠집을 낼 수는 없습니다.

그리고 하나님은 자유의지를 통해 사람에게 선과 악을 선택할 기회를 주셨습니다. 하나님이 기계나 로봇처럼 잘 설계된 프로그래밍에 따라 죄를 못 짓게 설계하실 수도 있었을 것입니다. 그러나 비인격적이고 기계 같은 사물에서 무슨 사랑과 애정을 느끼겠습니까? 백화점에 들어서면 "안녕하세요!" 하고 자동으로 외치는 로봇과 애정을 주고받을 수 있습니까? 만약 제가 이성 친구(또는 아내)를 만날 때마다 동일한 말과 행동만 보게 된다면 금방 실망하고 떠날 것입니다. 그래서 하나님은 우리에게 죄를 지을 수도 짓지 않을 수도 있는 자유를 주신 것입니다.

하나님은 사람이 계속 죄를 짓는 것을 아십니다. 그래서 회개할 수 있는 길을 만들어주셨습니다. 그 길이 바로 하나님의 아들이신 예수님이십니다. 예수님만 믿고 의지하면 죄를 용서받을 수 있습니다.

14

신앙생활이 감정에 따라 요동쳐요

Q 목사님. 믿음은 지정의(지성·감정·의지)가 균형 잡혀야 한다는데, 현재 저는 감정에만 치우쳐 있습니다. 회개했지만 죄책감과 후회에 구원의 확신마저 요동칩니다. 점차 신앙의 기쁨이 사라지고 과거에 얽매입니다. 이런 생각이 '주님이 주신 것일까? 내가 잘못 분별한 것이 아닐까?' 하는 생각이 듭니다.

A 참으로 솔직하고 정직한 자기 고백이군요. 충분히 이해하고 공감이 가는 고백입니다. 하지만 자신을 너무 괴롭히지 않기를 바랍니다. 누구나 그런 감정을 느낍니다. 올바른 기독교 신자라면 그런 생각을 할 수 있습니다.

칭의(비록 죄인이지만 의인이라고 인정해주는 것) 뒤에는 반드시 성화(거룩하고 구별된 삶을 살고자 하는 행위)의 과정이 따릅니다. 물론 그런 성화의 과정 중에도 죄짓고 후회하고 반성하며 회개합니다. 그리고 또 죄짓고 후회하고 반성하며 회개하는 삶이 반복됩니다. 그렇다고 좌절하거나 조급해하지 마십시오. 한 번에 죄를 딱 끊는 경우는 없다고 봅니다. 그런 과정을 반복하다 보면 죄를 짓는 횟수도 줄어들고 강도도 약해집니다. 1년이 걸릴지 10년이 걸릴지, 아니면 평생 걸릴지 아무도 모릅니다. 정확히 말하자면, 성화의 과정은 우리가 하나님의 품으로 들어가야 완성됩니다. 죽어야 완성되는 것이지요. 이런 생각을 하고 있는 것이 바로 구원을 받았다는 것입니다. 너무 걱정하지 마시고 편안하게 신앙생활을 하십시오.

또한 기독교는 이성과 지성을 무시하는 종교가 아닙니다. 물론 감정과 의지를 무시하는 이성과 지성은 비판을 받아야 하지만 건전한 이성과 지성, 지혜와 지식은 마땅히 필요합니다. 먼저, 하나님 아버지를 아는 지식이 가장 우선되어야 합니다. 그다음에 예수님, 성령님을 순차적으로 알아야 합니다. 따라서 건전하고 좋은 신앙 서적도 성경과 함께 읽어야 합니다.

그리고 기독교는 믿음을 무시하지 않습니다. 이성과 믿음 둘 다 중요합니다. 굳이 순서를 따지자면 믿음이 먼저입니다. 말씀을 읽을 때 왜 그런가 생각하고 연구하는 자세가 중요합니다. 그러다가도 의심이 들고 회의감이 밀려오면 다시 믿음으로 돌아가는 것입니다.

예수를 믿는다는 것은 그가 바로 나의 주인이시요, 나는 그의 종이라는 것입니다. 동시에 그가 나의 구세주임을 믿으며 하나님이 나의 아버지이심을 믿어야 합니다. 성령님이 나와 항상 동행해주심을 믿는 것입니다. 즉, 그분을 의지하고 신뢰하고 맡겨야 합니다.

목사님 궁금합니다

그렇다고 주님이 다스리시니까 나는 판단해서는 안 되고 수동적으로만 움직여야 한다는 생각은 옳지 않습니다. 주님은 나를 꼭두각시나 기계로 만들지 않으셨기 때문입니다. 나의 자유의지를 로봇이나 기계처럼 죽이고 살아가는 것은 아닙니다. 하나님은 우리에게 자유의지를 주셨습니다. 주님 안에서 자유를 누리는 것이지요. 우리에게 주어진 자유의지를 통해 의지적으로 하나님을 찬양하고 경배해야 합니다. 이것은 강제적·기계적으로 의무처럼 하는 것이 아닙니다. 그럼에도 적지 않은 교인들이 의무적으로 신앙생활을 하고 있는 것은 매우 안타깝습니다.

어떤 일이 주어지면 이성적으로 판단하고 처리하되 그 과정과 결과는 주님께 맡겨야 합니다. 예를 들어 학생이 공부를 하지 않고 기도로만 좋은 결과를 바라는 것은 옳지 않은 신앙입니다. 잘못된 것이지요. 도리어 열심히 공부하였으니 실수하지 않고, 밀려 쓰지 않고, 기억이 잘 나게 해달라고 기도하는 것이 옳지요. 물론 지정의가 고르게 성장하기는 매우 어렵습니다. 지정의가 비율적으로 각각 33:33:34가 아니라 40:20:40이라도 괜찮고 20:20:60이어도 나쁘지 않습니다. 한국 교인들은 대개 10:80:10이 되므로 문제가 됩니다. 이 점에 유의하면서 행복하고 자유롭고 기쁘게 신앙생활을 하시기 바랍니다.

15

하나님은 왜 아프리카 아이들을 돕지 않나요?

Q 아프리카에서는 어린아이들이 이름 모를 병으로 수 없이 죽어갑니다. 그 아이들은 예수님이 사랑하지 않 으셔서 병에 걸린 것인가요? 그리고 아프리카 아이들은 구원 받을 가치가 없는 것인가요?

A 아주 좋은 질문입니다. 이 문제는 오랫동안 이어진 질문 입니다. 이 질문에 대해 많은 사람이 고민을 하였고 지금 도 고민하고 있습니다. 비슷한 의문과 문제가 이 외에도 많습니다. 몇 가지만 나열해봅니다.

하나님은 왜 지진을 일으키고 태풍을 만들고 가뭄과 홍수를 만들 어 인류에게 괴로움을 주는지, 왜 죄 없는 어린아이들의 생명을 가 져가시는지, 왜 선하고 착하게 사는 사람들은 가난하고 병이 드는 데 나쁜 짓을 많이 하는 사람은 떵떵거리며 잘 살고 자식들까지 잘 사는지……

솔직하게 저도 잘 모른다고 답변할 수밖에 없음을 이해해주시기 바랍니다. 예수님은 누구보다 고아와 과부와 나그네를 사랑하셨습니다. 경제적으로 사회적으로 종교적으로 고통받는 장애인들, 병든 자들, 나병 환자들도 사랑하셨습니다. 또한 동물과 같은 대접을 받던 여자들을 특별히 사랑하셨습니다. 그분은 가난한 사람이 천국에 들어간다고, 부자는 천국에 들어가기가 매우 힘들다고 하신 분이기도 합니다.

한 가지 분명한 것은 아프리카나 어려운 환경에서 사는 사람들을 우리가 도와야 한다는 것입니다. 하나님이 도우시면 사람이 할 일이 없지 않습니까? 우리에게 기회를 주시는 것이지요. 하나님은 사람을 사랑하시므로 로봇이나 기계로 만들지 않으셨습니다. 자유를 주셔서 우리에게 이웃을 사랑할 기회를 주신 것이지요. 우리가 돕는 데는 어쩌면 한계가 있을 수도 있습니다. 우리가 돕고 나머지는 하나님께 맡기는 것입니다. 그분이 하실 일입니다.

또 하나님은 이 세상에 가난이 그치지 않는다고 말씀하셨습니다. 그래서 우리가 도와줄 것을 요구하십니다. 우리 대한민국도 60~70년 전에는 미국에서 무상으로 원조를 받아 연명하였습니다. 저도 그들의 도움을 받아 강냉이죽도 먹고 우유도 마셨습니다.

형제(자매)님은 그들을 돕고 있나요? 돕고 있으리라 생각합니다. 형제(자매)님의 마음을 엿볼 수 있는 글입니다. 하나님은 누구나 차별하지 않으십니다. 아프리카나 제3세계의 남녀노소를 가리지 않고 모든 인류를 사랑하십니다. 이 성경 구절을 잘 아실 것입니다.

> "하나님이 세상을 사랑하사 독생자를 주셨으니 그를 믿는 자마다
>
> 멸망하지 않고 영생을 얻으리로다" (요한복음 3:16)

하나님은 하나밖에 없는 아들인 예수를 희생시키실 만큼 형제(자매)님도 사랑하시고 모든 사람을 사랑하셔서 지금도 교회로 돌아오기를 기다리고 있습니다.

Chapter 02

교회 상담

교회 내 정치적 발언을 어떻게 봐야 하나요?

Q 사모님이 카톡으로 박근혜 씨를 옹호하고 촛불 집회 하는 분들을 좌파 종북 세력이라고 말합니다. 마음이 편하지 않습니다. 청년으로서 사모님에게 어떻게 처신하면 좋을까요?

A 시도 때도 없이 자신의 주장을 카톡으로 보내는 분들이 있습니다. 거부 처리를 하더라도 마음이 편하지 않습니다. SNS를 사용할 수밖에 없는 시대라 이해를 하셔야 합니다. 거부하거나 무시하고 넘어가려는 마음가짐도 필요합니다.

사모님에게 형제님의 의견을 말해도 사모님이 그 말을 받아들이지 않을 것입니다. 도리어 "감히 어른에게 그런 말을 할 수 있냐?"고 하면서 몹시 불쾌하게 생각할 것으로 보입니다. 그것도 "주의 종의 아내에게 감히 그럴 수 있느냐?"고 하면서 권위적으로 대할 것입니다. 따라서 인격적으로 부족함이 많은 분이라고 생각하시기 바랍니다. 문제가 있는 분으로 이해하고 넘어가는 것이지요.

사모님의 생각은 잘못된 것으로 보입니다. 박근혜 씨를 옹호하고 촛불 집회를 하는 분들을 '좌파 종북 세력'이라고 하는 것은 자기 생각이고 주장일 뿐입니다. 왜 촛불 집회에 참석하는 사람들이 좌파 종북 세력인지 근거 자료를 제시해야 합니다. 조사를 해보았더니 얼마나 많은 좌파 세력이 포함되어 있는지 근거 자료가 있어야 합니다. 근거 없는 논리는 단지 자신의 생각일 뿐 다른 사람의 지지를 받을 수 없는 것이 당연하지요. 교회의 사모님이 교계나 교단에서 권위를 인정받는 경우라도 함부로 그런 의견을 제시할 수는 없습니다.

물론 극히 일부분은 종북 세력일 가능성이 있습니다. 아니, 간첩이 포함되어 있을 수 있고, 정치적으로 이용하려는 세력도 포함되어 있을 수 있습니다. 그러나 중요한 것은 극히 일부분을 가지고 전체를 판단해선 안 된다는 것입니다. 세상 일에는 항상 예외적인 경우가 있습니다. 특수한 것을 일반화하면 대화가 어려워집니다.

이번 집회에 참석하는 사람 중 대다수는 올바른 생각을 하고 있습니다. 유례없는 평화적 시위였다는 것을 모르는 사람이 없습니다. 최순실 씨의 국정 논란, 박근혜 씨의 대통령으로서 이해할 수 없는 행위들이 주요 관건이 되었습니다. 과거의 시위에서 잘못된 판단을 하거나 정치적으로 이용당하는 경우가 있었다는 것을 압니다. 그러나 이번 촛불 집회의 경우는 명백히 다릅니다. 저도 보통 국민으로서 참석하고 싶었지만, 날씨도 춥고 건강을 생각해 참고

있었을 뿐입니다. 기도로 응원하였습니다. 저도 종북 세력 중 일원
일까요?

한국에서 극보수주의자들은 나라에 큰 문제가 생길 때마다 항상
북한의 위협을 들고 나왔습니다. 6·25사변의 아픔을 경험하여 공산
주의의 위험을 너무나 잘 알고 있는 만큼 반공, 자유를 부각시켜 짭
짤한 재미를 보았기 때문입니다. 북한의 위협을 잘 인식하고 있는
중장년층에게는 매우 효과적인 처방약입니다. 해방 후 한국 정치가
북한을 이용한 사례들을 기억합니다. 이번 박근혜 대통령 탄핵 후
헌법재판소 심리 과정에서도 박 대통령의 변호인은 집회의 성격을
종북으로 몰아가고 있는 것을 봅니다.

사모님은 아마도 근본주의적인 신앙을 가진 분으로 보입니다. 근
본주의 신앙은 잘못된 것입니다. 한국 교회의 많은 목회자가 근본
주의 신앙을 가지고 있습니다. 그러나 당사자는 근본주의 신앙을
가진 것을 모릅니다. 도리어 근본주의 신앙이라고 하면 매우 싫어
하고 심지어 화를 내기도 합니다. 모두 다 개혁 신앙을 가졌다고 큰
소리를 치지만 실제로는 아닙니다.

근본주의 목회자는 성경(로마서 13:1~7 / 베드로전서 2:13~14)에 근거하
여 권세를 가진 자에게 복종하라고 주장합니다. 그래서 고 박정희·
전두환·노태우 정권 때 국가 조찬기도회를 만들어 충성하고 아부했
던 것이지요. 이런 행동은 성경을 부분적으로 해석해서 생긴 일이
라고 생각합니다.

목사님 궁금합니다

몇 가지만 예를 듭니다. 사무엘도 사울 왕에게 대항하였습니다(사무엘상 13:13~14). 나단 선지자도 다윗 왕에게 목숨을 걸고 정직한 말을 하였습니다(사무엘하 12:7). 예레미야는 바른말을 한다고 감옥에도 들어갔습니다(예레미야 37:21, 38:6, 39:14~15). 심지어 예수님도 헤롯왕에게 '여우'라고 칭하면서 전하라고 하셨습니다(누가복음 13:32).

그래서 사모님은 잘못된 주장을 하는 것입니다. '그런 인격을 가진 분이구나' 하고 넘어가기를 바랍니다. 하나님께 바른 생각과 판단을 할 수 있는 지혜를 주시기를 기도하는 것이 좋습니다.

또한 사모님이 교회에서 올바르지 않은 활동을 하는 것으로 보입니다. 사모님은 목사님의 위치와 자리에 있는 분이 아닙니다. 사모는 목사를 보필하는 위치에 있는 사람이지 남을 판단하고 정죄하거나 가르칠 위치에 있지 않습니다. 목사님의 그림자처럼 심방을 함께 다니고 내조하며, 조용히 교인들을 섬기는 것이 바람직합니다. 특히 사모가 말이 많아서 교회가 시끄러운 경우가 많습니다. 사모의 남편인 목사도 신자를 섬기는 자리에 있는 사람입니다. 지배하고 군림하는 위치에 있는 사람이 아니라는 것이지요. 하물며 사모는 말할 나위가 없습니다.

목사님의 설교 내용에 대해 질문해도 되나요?

Q 얼마 전 담임목사님께서 하신 설교가 제가 알던 것과 달랐습니다. 그래서 목사님께 설교 내용에 대한 질문을 메일로 보냈습니다. 그런데 담임목사님은 교만하다며 저를 혼냈습니다. 정말 제가 잘못한 것인가요?

A 여러분은 직접적으로 설교자인 목사님에게 질문해보신 적이 있나요? 없다고요? 사실 한국 교회에는 목사님 말씀에 무조건 '아멘' 하며 순종하는 신자들이 대부분입니다. "순종이 제사보다 낫다"는 구절(사무엘상 15:22)을 잘못 해석해 맹종하는 것이지요.

형제님이 올바르게 질문을 한 것이라고 봅니다. 그러나 한국 교회의 현실은 어떤가요? 질문하거나 비판하면 난리가 나거나 이상한 사람으로 취급합니다. 왜 그럴까요? 한국 교회에서는 목사님의 말씀을 하나님의 말씀이라고(데살로니가전서 2:13) 생각합니다. 20세기 최고의 신학자로 불리는 칼 바르트(Karl Barth)가 말씀의 삼중직이라 하여 기록된 말씀(성경), 선포된 말씀(설교), 계시된 말씀(예수님)으로 설교를 격상시킨 것도 일조했다고 봅니다. 저는 칼 바르트가 주장한 선포된 말씀이라는 것에 동의하지 않습니다.

설교는 구약의 선지자가 한 것처럼 하나님의 말씀 선포이므로 목사님의 말씀에 잘못이 있더라도 감히 질문, 의문, 도전, 반항, 의심하는 것을 허락하지 않았습니다. 그러나 어떻게 목사의 설교에 오류가 없고 실수가 없겠습니까? 아무리 목사가 성령이 충만해도 실수는 있을 수 있습니다. 또한 목사도 사탄의 시험과 유혹을 계속 받을 수 있습니다. 그런데 많은 한국 교인은 목사가 기도를 많이 하여 성령 충만해질 때 하나님이 선포할 말씀을 목사의 입에 넣어준다고 착각합니다.

과거에는 목사님의 설교에 절대적으로 순종해야 했습니다. 질문을 하거나 의문시되는 사항을 토론 또는 상의하는 것을 금기시했습니다. 그러나 개혁적인 마인드의 교회들은 설교 후 목사의 설교 내용에 대해 질의하는 시간도 가집니다. 심지어 제 동기 목사님의 교회는 예배 후 설교를 중심으로 그룹 토의도 합니다.

또한 질문은 성경적인 것입니다. 제자들도 예수님의 설교를 듣고 이해하지 못하면 질문을 하였습니다. 이에 대해 예수님은 예시를 들어 아주 잘 설명해주셨습니다. 또한 예수님도 제자들에게 질문을 많이 하셨지요.

현재 한국 교회에서 설교 내용에 대해 궁금하거나 의문이 생기면 신자들은 어떤 반응을 보일까요? 대체로 다음과 같을 것입니다.

첫째, 그냥 지나갑니다. '언젠가 알게 되겠지요' 하는 가장 소극적인 방법이며, 이것은 바람직하지 않습니다. 제 경험으로 보면 평생을 그냥 그렇게 지나갈 것입니다.

둘째, 교회의 장로, 집사, 구역장 등 신앙의 연조가 있는 분들에게 지도를 받습니다. 그분들이 정확하고 올바르게 알고 있으면 다행이지만, 그렇지 못한 경우가 대부분입니다.

셋째, 담임목사님께 질문하는 방법입니다. 대형 교회의 경우 직접 상담하거나 질문하는 창구가 막혀 있으므로 담당 교구 목사님을 활용하면 좋으리라고 봅니다. 청년부는 청년부 담당 목사님을 뵙고 말씀드리는 것이 순서입니다. (단, 담임목사님께 질문을 할 때는 개인적으로 하는 것이 좋습니다. 공개적으로 질문하는 것이 나쁜 결과를 가져올 수 있기 때문입니다. 또한 보수적인 교단, 즉 장로교의 경우 합동·고신·합신의 연로한 목사님들은 이메일이나 카카오톡, 문자 등으로 질문하는 것을 탐탁지 않게 여길 수 있습니다.)

넷째, 시중에서 관련 신앙 서적을 구입하고 공부하는 방법입니다. 저는 이 길을 걸어왔습니다. 제 수준에 맞는 책을 구입해 차근차근 신앙적인 지식을 쌓아가는 것이 지름길입니다.

다섯째, 좋은 신앙의 멘토를 만들거나 요청합니다. 본인이 평소

목사님 궁금합니다

에 존경하거나 도움받을 수 있는 분을 찾아가서 정중하게 멘토가 되어 달라고 요청하십시오.

여섯째, 신학교에 가는 길이 있는데, 이것은 추천하지 않습니다. 한국의 신학교는 목회하는 목사를 양성하는 기관이지 성경을 집중적으로 가르치거나 어떤 문제를 해결하는 곳이 아니기 때문입니다.

03

목사가 되는 과정에 불만 있어요

Q 교회학교 교사로서 오랫동안 느껴온 감정입니다. 어떤 이는 고등학교 졸업 후 신학교에 가면 바로 전도사님이 되고, 몇 달 후 교육 전도사님이 되어 본 교회로 돌아오는 것을 보면 참 씁쓸해집니다. 이후 몇 년 지나면 안수 받고 목사가 됩니다. 그 후 교인들의 인생을 지도하고 신앙 상담을 한다는 것에 동의하기 힘듭니다. 신학을 했다고 곧장 목회자로 세우기보다는 공인된 '성경 교사' 정도로 인정하고 목회자 자격은 그 다음이 아닌가요? 물론 메이저 교단들은 목사 안수를 함부로 주지 않고 일정 과정을 통과하게 하지만, 작은 교단은 그렇지 않은 것 같습니다. 또 교역자들은 장교들이요, 나머지 교인들은 병졸이나 무수리 같다는 느낌을 많이 받습니다. 게다가 어떤 사안에 부딪히면 주의 종이라고 하면서 목사를 특별히 높이는 교인들이 꽤 있습니다. 마음이 답답합니다.

A 충분히 이해하고 공감합니다. 저도 그렇게 생각할 때가 많습니다. 교역자들은 장성급이나 영관급 장교, 장로는 위관급 장교, 권사나 안수집사는 하사관, 집사나 일반 성도는 졸병으로 취급하는 것에 대해 거짓이라 말하기 어렵습니다. 이런 사고방식은 로마 가톨릭으로부터 내려온 잔재물인데, 기독교(개신교) 안에도 아직 많이 남아 있습니다.

헬라(그리스) 사상의 성속이원론이 자리를 잡고 있는 것이지요. 곧 영은 깨끗하고 육은 더럽다는 생각, 목회는 깨끗하고 세상 직업은 더럽다는 생각이 자리 잡고 있다는 것입니다. 이것은 우리 모두가 개혁하고 개선해야 할 잘못된 열등의식입니다.

종교개혁자인 루터나 칼뱅도 교회 안의 계급을 허용하지 않았습니다. 그럼에도 후세 사람들이 교리를 모르거나 무시해서 생긴 현상으로 봅니다. 예를 들어 목사는 영어로 패스터(pastor) 또는 미니스터(minister)로서 라틴어의 '목동이나 양치기, 종이나 노예'라는 뜻입니다. 즉, 목사는 '작은 자'라는 것이지요. 목사가 크다거나 군림한다는 의미는 없습니다. 그런데 유독 한국 교회에서만 목사 '종'이 목사 '종님'이 됩니다. 저도 '종'이라는 용어를 사용할 때마다 뜨끔합니다. 하나님이 보고 계시는데 제가 정말로 종(노예)노릇을 하고 있는지 의심이 들기 때문입니다.

이런 잘못된 교회 문화는 쉽게 바뀌지 않습니다. 100여 년 전, 당대의 지성인 춘원 이광수도 이런 계급 형태가 교회 안에 있다고 질타했습니다. 지금도 마찬가지일 것이고 앞으로도 크게 변하지 않을 것입니다. 결국 나부터 변화하는 수밖에 없습니다. 장로가 되면 상석에 앉으려 한다거나 어른 대접을 받으려 하면 나도 똑같은 사람이 되는 것입니다. 앞으로 형제(자매)님이 장로님이나 권사님이 되면 다른 사람들이 잘 하지 않는 교회의 화장실 청소, 식당의 설거지 같은 일을 하기를 바랍니다. 주일학교나 중고등부에서 교사도 하기를 바랍니다. 주일날 교회 차량도 운전해보십시오. 쉽지는 않을 것입니다. 내가 그래도 장로요 권사인데 어떻게 그리 천하고 더러운 일을 하느냐는 생각도 들 수 있습니다.

사회에서는 보이지 않은 곳에서 지팡이나 작은 촛불이 되어주십시오. 불쌍하고 소외된 사람들을 섬기십시오. 다른 사람들(목사나 장로 포함)은 어찌하든 개의치 않고 묵묵히 예수님만 바라보며 신앙생활을 하는 것이 결코 쉽지 않다는 의미입니다.

1970년 이전에도 신학교에 입학만 하면 전도사라는 성경에도 없는 호칭을 주었습니다. 1970년 초반에는 4년제 대학을 나오면 목사 안수를 받았습니다. 목사가 되기는 그리 어렵지 않았습니다. 그러나 그 이후는 만만치 않습니다. 4년제 대학교와 3년제 신학대학원, 2~3년의 전도사와 강도사(준목) 과정을 이수하고 시험에 합격한 사람에게만 목사 안수를 허락합니다. 물론 비인가 신학교(교육부 인정이 아닌 교단 인정)는 이런 과정을 거치지 않습니다. 빠르면 6개월이나 1년 정도의 교육을 마치고 목사 안수를 받기도 합니다.

전도사도 계급이 아니라 일종의 직분이요 역할이요 기능입니다. 하지만 적지 않은 목회자나 일반 신자들이 그 사실을 모릅니다. 즉, '제사장=교역자=성직자=목사'라고 구약적으로 잘못 해석하고 있으니까요. 제사장이 곧 목사(전도사)라는 것은 매우 잘못되고 위험한 사고방식입니다. 이런 사고방식을 가진 목사는 신자들 위에 군림할 수도 있습니다.

신학교 4년을 공부하고 신대원 3년을 이수해도 다른 사람을 가르친다는 것은 쉽지 않습니다. 세상 학문인 법학, 경영학, 공학도 4년을 공부한다고 해서 교수가 될 수는 없습니다. 물론 30년 전에는 전문대학교에서 학사 자격을 갖춘 사람이 전임강사가 되기도 했습니다.

사견으로 신대원생이 교육 전도사를 하며 돈을 버는 것에는 반대합니다. 신학 공부(실제로는 목회학)는 만만치 않습니다. 학교마다 다르지만 신대원은 일반적으로 80~120학점을 요구합니다. 일반 대학원이 불과 24~30학점을 요구하는 것에 비하면 살인적인 공부를 해야 한다는 뜻입니다.

리포트도 일반 대학원보다 두세 배 더 많이 작성해야 하고 수업 시간도 많습니다. 그런데 교회에서 초등부와 중고등부 학생을 가르치고 설교를 준비하면서 언제 공부할 시간이 있는지 의문입니다. 신대원생이 아르바이트로 교육 전도사를 하는 것은 바람직하지 않습니다. 다만 가정 경제가 넉넉지 않아 할 수 없이 아르바이트를 하는 것까지 잘못이라는 뜻은 아닙니다.

신대원 3년 과정은 죽어라 머리를 싸매고 공부해야 마칠 수 있습니다. 제 경우, 그렇게 공부해도 부족하다는 것을 느꼈습니다. 졸업후 지금까지도 공부를 계속할 수밖에 없습니다. 신대원 3년 과정동안 성경을 한 번도 통독하지 못했다고 고백하는 학생들이 대부분입니다. 한국 교회 목사님의 일부가 잘못된 이유 중 하나는 신학교에서 공부를 게을리했기 때문입니다.

신학교에 가는 사람들은 내적인 소명(신학을 하라는 부르심)이 있다고믿고 입학을 합니다. 그러나 실제로 내적인 소명이 있었는지 여부는 알 수 없습니다. 신학교에 합격해도 그 안에서 방황하는 신학생을 자주 봅니다. 나중에 외적인 소명(청빙, 개척, 선교, 교육 등)이 있지 않으면 하나님의 부르심이 있었다고 말하기 어렵습니다. 적잖은 이들이 꿈이나 환상, 아니면 성경을 읽다가 떠오른 생각으로 신학교에갑니다. 20~30년 전에는 어떤 신자가 교회 봉사와 기도를 열심히하면 담임목사가 신학을 하라고 종용하는 경우가 많았습니다. 지금도 그런 경우가 없지는 않지만요.

소명이 없이도 신학 공부는 할 수 있습니다. 그러나 목회는 소명이 없으면 매우 어렵습니다. 중간에 목회를 포기하거나 아니면 삯꾼목사가 됩니다. 소명 다음으로 중요한 것은 목회자의 인성입니다.

인성은 찰흙을 만지듯 쉽게 변화되기가 어렵습니다. 사실 거의불가능합니다. 신학교에서도 마찬가지입니다. 신학교 교육 과정에는 인성 훈련 과목이 전혀 없다고 해도 과언이 아닙니다. 제가 아는 바로는 예장 합동의 총신대학원에서 신대원 1학년생에게 합숙 교육을 하지만 인성과는 별 관계가 없는 것으로 압니다.

인성과 인격적인 훈련은 이미 가정과 학교, 사회에서 거의 결정되었다고 보는 것이 맞습니다. 하루아침에 바뀌는 경우는 없습니다. 술, 담배는 하룻밤 사이에 끊을 수 있지만 인격은 그렇지 않습니다. 다만 본인이 인격적인 하나님을 만나고 변화되어 자신을 매일 매시간 죽이는 성화의 과정을 밟는다면 가망이 있을 수 있습니다. 그러나 저는 그런 사람을 만나본 기억이 별로 없습니다.

마지막으로 안타까운 점은 신학교에 입학하는 학생들의 학업 성적이 매우 낮다는 것입니다. 하위성적 10~20% 정도밖에 안되는 학생들이 신학 대학에 입학하기도 합니다. 이런 현상이 생긴 지 이미 오래되었습니다. 사회적 열등생이 교회 안에서는 우등생이 되기도 하는 것입니다. 박수무당 앞에서는 대학교수도 박사도 대개 꼼짝 못 합니다. 그런데 이런 현상이 목사 앞에서도 동일하게 벌어집니다. 그런 사람들이 신대원에 가서 목사가 된들 무슨 의미가 있을까요? 그런데 흥미롭게도 그런 사람들이 설교도 잘하고(?) 교회가 양적으로 부흥하는 것을 어떻게 설명할 수 있을까요? 교단이나 교계에서 큰 목소리를 내기까지 합니다. 그런 사람도 하나님이 들어 쓰시는 역사요, 능력일까요? 저도 이해가 되지 않습니다.

04

성령 은사를 중요시하는 교회를 나와야 할까요?

Q 저는 장로교회를 다니다가 이사를 오면서 집 근처 S
교회로 옮겼습니다. 그런데 S교회는 성령 은사를 너
무 강조합니다. 특히 계속 방언 기도를 해야 하고 기도도 꼭
교회에 와서 하라고 강요합니다. 또 기독교가 아닌 다른 종교
를 믿는 상관 아래에서 근무하는 것도 싫어하고요. 그래서 다
시 예전 교회로 옮겨야 하나 하는 생각이 듭니다. 어떻게 하
면 되나요?

A 이해합니다. 그런 고민을 교회에 이야기할 수는 없을 것
입니다. 그렇다고 수용하자니 답답하고, 거부하자니 믿음
이 없다는 말을 들을 것 같아 걱정일 것입니다. 교회에 충성하고 목
사의 말에 순종하라는 교회에서는 적응하기가 어려울 것입니다. 지
금 형제(자매)님이 다니는 교회만 해당되는 것이 아니라 많은 한국
교회가 그렇다는 것을 이해해야 합니다.

특히 장로교회에서 S교회로 옮기면 신앙생활이 쉽지 않을 수 있

습니다. 장로교는 대개 분위기가 보수적입니다. 하나님의 말씀을 강조하고 예배도 조용한 경향이 있습니다. 그러나 S교회는 성령의 방언, 치유 같은 은사를 많이 강조합니다. 또한 기복신앙에 치중하는 경향이 있는 것이 사실입니다. 삼중축복과 오중복음을 주장하기 때문입니다.

장로교든 감리교든 어떤 신자들은 큰 소리로 박수치며 기도하거나 방언하는 것을 좋아합니다. 여기서 기억할 것이 있습니다. 성령의 방언이나 신유 같은 은사도 중요하지만 개인의 유익이 아니라 교회의 공동 유익을 위하여 은사를 사용해야 한다는 원칙입니다(고린도전서 12:7). 성령의 은사도 중요하지만 성령의 열매가 더 중요하다는 것을 기억해야 합니다. 사랑의 열매가 없는 은사들은 소리 나는 꽹과리처럼 요란하고 시끄러울 뿐입니다(고린도전서 13장 / 갈라디아서 5:22~23 등).

타종교인 밑에서 일을 하지 못한다면 천주교 신자인 문재인 대통령과 고 김대중 전 대통령 휘하에 있던 기독교인 청와대 직원들은 어떻게 하나요? 모두 다 사직서를 쓰고 떠나야 하나요? 쌀, 전기, 수돗물도 기독교인이 만든 것만 먹고 사용해야 하나요? 그런 말은 기독교가 어떤 종교인지 모르고 율법과 복음을 구분하지 못하는 근본주의자 목회자들이 하는 것입니다.

그들은 안식일과 주일을 구분하지 못합니다. 교회와 교회당을 구분하지 못합니다. 그런 사람들은 소나 양을 잡아서 번제나 화목제

같은 제사를 지내야 합니다. 또 십일조는 강조하면서 50년마다 자유를 주는 희년제는 왜 실시하지 않는지에 대해서는 대답하지 못합니다.

예전에 섬기던 장로교회의 위치가 다소 멀더라도 그 교회로 돌아가는 것이 좋을 듯합니다. 신앙생활을 하면서 기쁨도 없고 괴로움만 있다면 잘못된 것입니다. 신앙생활의 기본은 기쁨과 감사입니다.

아마 그 목회자는 성경을 잘못 이해했거나 편협한 직업의식을 지닌 것으로 보입니다. 그리스도인은 불의가 아니라면 어떤 직업을 가져도 되고 어느 직장에서나 일할 수 있습니다. 그리스도인이 세상 사람과 교제할 때는 그의 직업이나 종교에 상관하지 않아도 됩니다. 물론 기독교인과 교제할 수 있다면 얼마나 좋겠습니까? 하지만 같은 종교인끼리 집단을 이루며 살지 않는 이상 그것은 불가능합니다.

또한 회사 대표가 어느 종교를 믿는지, 직장 상관의 종교가 무엇인지 파악하고 취업하는 경우도 거의 없습니다. 중동의 사우디아라비아나 이라크처럼 이슬람교가 국교인 나라에선 같은 종교인끼리만 교제가 가능하겠지만, 다종교 국가인 대한민국에서는 기독교인하고만 교제할 수가 없습니다.

이에 대하여 〈고린도전서〉에 해답이 있습니다.

"이 말은 이 세상의 음행하는 자들이나 탐하는 자들이나 속여 빼앗는 자들이나 우상 숭배하는 자들을 도무지 사귀지 말라 하는 것이 아니니 만일 그리하려면 너희가 세상 밖으로 나가야 할 것이라" (고린도전서 5:10)

이해하시지요? 우리는 세상에 보내진 사람이지 세상을 떠나 살라고 보내진 사람이 아닙니다. 수도원으로 도피하거나 기도원이나 교회당에서 기도만 하는 사람들이 아닙니다. 우리는 세상 속으로 보내진 사람입니다. 세상 사람들 중에서 구별된 사람이지 분리된 사람이 아닙니다. 예수님은 하늘 보좌를 버리고 냄새나고 더러운 이 땅에 오셨습니다. 그러므로 우리 그리스도인은 이단과 사이비 집단이 운영하는 곳이 아니라면 다양한 직장이나 회사에서 일하며 하나님께 영광 돌리고 하나님을 기쁘시게 할 수 있습니다.

마지막으로 S교회에 속한 목회자라고 하여 반드시 성령의 은사를 강조하거나 기복신앙을 가지고 있는 것은 아닙니다. 건강하게 목회하시는 분들도 많다는 것을 알아야 합니다.

장로교(주로 칼뱅주의)와 감리교(주로 웨슬리주의) 교단 간에 신학적인 차이가 많이 줄어든 것으로 보입니다. 신학교에서는 분명한 교리 차이가 있다고 가르치고 배우지만, 실제 목회 현장에서 설교를 할 때 보면 그런 차이가 별로 없습니다. 결국 기독교는 교회별로 각각 차이가 많다는 것이지요. 교단보다는 담임목사의 목회관과 신학의 방향이 중요하다는 것을 이해해야 합니다.

05

기복신앙 교회를 계속 다녀야 하나요?

Q 저는 '하나님을 믿으면 복을 받고 각종 문제도 해결된다'는 믿음으로 신앙생활을 해왔어요. 실제로 기도 응답도 많이 받았고요. 하지만 물질과 자녀의 복만 추구하다 보니 지금은 고난만 더해갑니다. 기복신앙이 잘못된 건가요? 그리고 복 받는 것과 헌금을 강요하는 교회를 계속 다녀야 할지 고민됩니다.

A 많은 분이 건강, 돈, 자녀, 진급, 명예, 출세, 마음의 평화 등의 문제를 해결받기 위해 교회에 나옵니다. 실제로 몇 가지는 하나님의 응답(?)을 받아 해결됩니다. 그러나 시간이 지나 응답이 더디거나 없으면 상황이 달라집니다. 냉담 신자, 의심 신자가 되거나 신앙을 잃기까지 합니다.

기독교에서 말하는 복은 세상적인 복이 아닙니다. 돈, 건강, 명예, 권위 같은 복은 하나님이 주시면 받고 주시지 않으면 받지 못합니다. 복은 철저히 하나님의 주권에 속한 것입니다. 성경적인 복은 '물질적인 복'처럼 눈에 보이는 것이 아닙니다. 눈에 보이지 않는 '영적인 복'이 성경적인 복입니다.

> "찬송하리로다 하나님 곧 우리 주 예수 그리스도의 아버지께서 그리스도 안에서 하늘에 속한 모든 신령한 복을 우리에게 주시되"
>
> (에베소서 1:3)

즉, 성경적인 복은 눈에 보이는 것보다 보이지 않는 행복에 더 가깝습니다. 하나님의 복은 예수를 믿고 하나님의 자녀가 되어 의롭다고 인정받는 것입니다. 비록 지금은 힘들고 어렵고 고난이 있지만 마음의 평강과 희락을 누리며 사는 것입니다. 그리고 성령님이 내 마음속에 거하시고 함께하며 위로와 기쁨을 누리며 살다 죽어서 낙원(천국)에 가는 것, 천국에서 영생을 누리며 사는 것입니다.

때로는 기복신앙도 필요합니다. 춥고 배고픈 가난한 사람들, 병든 몸과 마음을 치료받지 못하는 신자들에게는 기복신앙이 필요합니다. 이런 분들까지 싸잡아 비판할 수는 없습니다. 예수님도 일용할 양식을 위해 기도하라고 가르치셨습니다. 실제로 예수님은 몰려드는 병자들의 병도 고쳐주셨습니다.

다만 기복신앙의 안 좋은 예는 열심히 노력하지 않고 기도만 하는 신자, 공부도 하지 않으면서 일류 대학에 가려는 신자, 운동도 하지 않고 기름진 음식을 탐닉하며 건강을 달라고 하는 신자를 말합니다. 또 신자는 돈을 벌면 그 돈을 불우한 이웃과 하나님 나라의 확장을 위해 사용해야 합니다. 더 많은 돈을 벌기 위해 헌금한다면 그 신자는 불우한 이웃과 하나님의 일을 등한시하는 것입니다. 자신의 이익을 위해 하나님을 도구로 사용하는 것입니다. 신자가 하나님의 도구가 아니라 반대로 하나님이 신자의 도구가 된다면 매우 잘못된 것이지요.

하나님과 이웃을 위한 헌금과 십일조가 아니라면 십의 삼조를 해도 아무런 의미가 없습니다. 헌금의 목적이 돈을 더 많이 벌거나 자신을 높이고 드러내는 데 있기 때문입니다. 그것을 우리는 기복신앙이라 부르며, 마땅히 배척해야 합니다.

어쩌면 너그러운 마음씨와 순수한 믿음을 가진 신자들이 많아서 한국 교회가 타락했다고 생각합니다. 좋은 말로 충성이요, 나쁘게 보면 맹종입니다. 이스라엘 백성들도 지금의 목사 역할을 하는 세속적인 선지자와 제사장들로 인해 함께 타락했습니다. 그 결과 나라가 망하고 성전이 파괴되었습니다(주전 586년). 이스라엘 왕은 눈이 뽑힌 채 붙잡혀 가고, 왕비와 후궁들은 겁탈당합니다. 왕자, 공주, 고위 관료와 백성들은 죽임을 당합니다. 살아남은 자들도 옷이 홀딱 벗긴 채 약 1,500km나 되는 들판과 거리를 걸어야 했습니다. 그리고 70년간 종살이를 하게 됩니다.

지금도 마찬가지입니다. 세속적이고 타락한 목사는 마땅히 퇴출되어야 합니다. 그들은 삯꾼 목사이므로 반드시 하나님의 큰 심판을 받을 것입니다. 성경을 균형 있게 읽고 판단해야 합니다. "네 상전에 순종하라"(골로새서 3:22 / 디모데전서 6:1)는 구절은 옳은 말씀입니다. 하지만 구약의 하나님은 이스라엘 민족의 상전과 같은 제사장과 선지자들을 호되게 심판했습니다. 예수님도 당시 종교 지도자들인 바리새인과 서기관들을 비판했습니다. 그리고 "상전은 종들을 잘 섬기라"(에베소서 6:9 / 골로새서 4:1)고 말씀하십니다. 지금에 적용하자면 목사가 신자들을 잘 섬기라는 것입니다. 도리어 신자들 위에 군림하려 하는 일부 목사들이 명심하며 새겨들어야 할 말씀입니다.

하지만 저는 세속적이고 타락한 목사가 죄를 뉘우치고 변화하는 것을 보거나 들은 기억이 없습니다. 사람은 쉽게 변하지 않습니다. 그런 목사 밑에 있는 것보다 인격적으로 훌륭한 목사님을 찾아 교회를 옮기는 것이 낫습니다. 그것이 믿음의 성장과 마음의 평안을 찾는 길입니다. 다만 그동안 쌓은 인맥, 교류, 기득권은 다 버려야 합니다. 이를 버리지 못하면 그 자리에 머물러 앉게 되는 것이지요.

(06)

주일에 교회에 안 가면 불안해요

Q 신앙생활은 오래 했지만 뭔가 답답하고 매너리즘에 빠진 것 같습니다. 그냥 교회 마당만 밟고 왔다 갔다 하는 생활을 하는 것 같으니까요. 또 주일날 예배를 안 드리면 뭔가 일이 잘 안 될 것 같은 생각이 들어요. 그리고 하나님께 혼날 것 같은 생각도 들어서 습관적으로 교회를 다니는 것 같습니다. 이런 생각이 올바른 건가요?

A 그러셨군요. 한국의 적지 않은 신자들이 자매님과 같은 신앙생활을 하고 있다고 보아도 과언이 아닙니다. 저도 10여 년 전까지는 자매님과 같은 신앙 상태였습니다. 하지만 그런 신앙생활은 올바르지 않습니다.

신자가 구원을 받으면 하나님이 나의 아빠가 되지요. 사랑과 자비가 많은 하나님이 내 아빠가 되는 것입니다. 내가 슬플 때 함께 슬퍼하시고 울 때 같이 우시는 분, 기쁠 때 함께 기뻐하시는 분이 바로 하나님 아빠입니다. 그래서 우리는 하나님을 아빠 아버지라고 부르는 것입니다.

자매님이 아플 때 아빠도 함께 주무시지 못하고 꼬박 밤을 새우셨을 것입니다. 혹시 자매님은 자녀에게 잘못이 있으면 화가 나서 때리나요? 아니지요. 때로 감정을 조절하지 못하고 자녀를 때렸을 때는 자매님의 마음도 아프고 슬펐을 것입니다.

명절에 부모님이 계시는 시골집에 내려가지 않으면 누가 더 걱정하나요? 부모님인가요, 나인가요? 당연히 부모님입니다. 안 내려온다고 욕하고 종아리를 때리시던가요? 아니지요. 하나님은 육적인 부모님과 같다고 보면 옳습니다. 아니, 육적인 부모는 자식을 배반할 수 있어도 하나님은 절대로 우리를 버리거나 해치지 않습니다.

마찬가지로 누구보다 자매님이 잘되기를 원하는 분은 하나님이십니다. 하나님도 자매님이 교회에 안 나오면 걱정하십니다. 하나님은 우리가 기쁘게 감사하며 신앙생활 하기를 원하십니다. 하나님은 우리의 중심을 보시지 겉모습을 보시지 않습니다. 몸이 아픈 사람, 경찰·소방 공무원, 버스·택시 운전기사, 의사와 간호사 등 특수 직종에 근무하는 신자들은 주일을 제대로 지키지 못합니다. 그러면 그 사람들의 일이 잘 풀리지 않겠네요? 또는 하나님이 때리시겠네요?

아직 복음을 잘 몰라서 하는 말입니다. 복음은 기쁜 소식입니다. 구약에서는 율법(예 : 안식일)을 지키지 못하면 저주를 받는다고 하였습니다. 그래서 사람이 율법을 지킬 수 없다는 것을 아신 하나님은 제사 제도를 만드셨고, 나중에는 그 불완전한 제사 제도마저 없애

려고 복음이신 예수님을 보내신 것입니다. 그래서 복음은 우리에게 자유를 줍니다.

마음 놓고 일 년에 몇 번쯤은 주일을 포함해 국내외로 놀러 가시기 바랍니다. 그곳에 교회가 있으면 가고, 아니면 있는 곳에서 예배 드리거나 기도하시기 바랍니다. 나머지 시간은 여가에 활용하고요. 그렇다고 매주 교회에 안 가면 곤란하겠지요.

교회 생활에만 매달리는 것이 옳은가요?

Q 우리 교회 어떤 집사님들은 일주일 내내 교회의 모든 행사에 참석합니다. 예배, 교육, 봉사에 다 참석합니다. 하루 종일 교회 일에만 매달려 있습니다. 교회에서 산다고 해도 과언이 아닙니다. 그러다 보니 집안일은 등한시합니다. 남편의 불만은 쌓여가고, 아이들도 방치되어갑니다. 무리한 헌금으로 가정 경제도 말이 아닙니다. 심지어 다른 교인들에게 빚까지 진 상태입니다. 그런데 정작 본인은 올바른 신앙생활을 한다고 믿습니다. 목사님, 이런 것이 올바른 믿음인가요?

A 스스로의 기쁨과 즐거움에 교회를 섬기는 것은 잘못이 아닙니다. 교회를 섬기고 봉사하는 것도 주님의 일입니다. 그러나 여기서 그치면 잘못입니다. 하나님은 온갖 만물과 아담을 창조하신 뒤에 가정을 만드셨습니다.

교회 일에만 치중하고 가정을 돌보지 않는 것은 남녀를 불문하고 잘못입니다. 가정을 돌보고 집안 살림을 잘하는 것도 주님이 우리에게 맡기신 사명입니다. 〈잠언〉 기자는 현숙한 아내에 대해 다음과 같이 말합니다.

"자기의 집안 일을 보살피고 게을리 얻은 양식을 먹지 아니하나니"(잠언 31:27)

위의 말씀은 집안을 잘 관리하고 보살피라고 조언합니다. 또 성경은 "사랑의 빚 외에는 아무에게든지 아무 빚도 지지 말라"(로마서 13:8)고 경고합니다. 되도록 성도는 빚을 지지 않아야 하며, 만약 빚이 있더라도 반드시 갚아야 합니다.

가정생활도 주님이 맡기신 소명입니다. 오죽하면 종교개혁자인 마르틴 루터(Martin Luther)는 자신의 설교와 가정부가 지은 밥이 똑같이 하나님께 영광 돌리는 것이라고 말했을까요.

교회에서 하루 종일 예배드리고 봉사하는 것이 주님을 기쁘시게 한다는 생각은 착각입니다. 교회를 섬기는 것이 주님의 일이라는 생각에 가정을 소홀히 한다면 다른 식구들의 불평불만을 가져옵니다. 이것은 하나님이 원하시는 것이 아닙니다.

더 답답한 것은 교회에만 충성하라고 요구하는 목사가 있다는 것입니다. 드물지만 그런 목사가 있습니다. 잘못된 신앙관을 가진 목사라고 볼 수 있습니다. 간혹 그런 교회를 찾아와 화가 나서 아내의 머리채를 끌고 밖으로 나가는 남편도 보았습니다. 세상 사람들이 기독교를 싫어하는 이유 중 하나가 교회에만 빠져 가정을 등한시하는 사람 때문입니다. 이는 전도를 방해하는 원인 중 하나입니다. 어떤 성도는 남편의 반대로 교회에 출석하지 못하지만 자녀를 신앙으로 양육하고 이웃 사랑을 실천하고 있습니다. 신앙생활을 아주 잘하고 있는 것입니다.

헌금도 자발적으로 하되 가정경제에 무리가 가지 않는 범위 안에서 해야 합니다. 특히 은행에서 대출을 받거나 사채까지 쓰면서 과도한 헌금으로 가정 파탄에 이르게 하는 것은 잘못입니다. 적게 심는 사람은 적게, 많이 심는 사람은 많이 거둔다는 성경 말씀(고린도후서 9:6)을 많이 낸 사람이 많이 거둔다고 설명하는 것은 잘못입니다.

또 헌금을 하면 삼십 배, 육십 배, 백 배로 받는다고(마태복음 13:8) 하는 것도 성경을 잘못 해석한 것입니다. 성경에서는 가정도 잘 다스리지 못하면서 어떻게 하나님의 교회를 돌볼 수 있겠느냐고 말씀하십니다.

"자기 집을 잘 다스려 자녀들로 모든 공손함으로 복종하게 하는 자라야 할지며 (사람이 자기 집을 다스릴 줄 알지 못하면 어찌 하나님의 교회를 돌보리요)" (디모데전서 3:4~5)

이 말씀은 오늘날 목사나 장로뿐 아니라 일반 교인에게도 해당합니다. 우리 모두가 왕 같은 제사장이기 때문입니다.

다시 한 번 강조합니다. 가정생활, 교회생활, 사회생활은 모두 주님의 일입니다(골로새서 3:23~24). 우리 성도들은 모두 제사장으로(베드로전서 2:9), 우리가 하는 모든 일과 직업은 성직(성스러운 직업)입니다. 그러므로 세상에 등한시할 수 있는 일은 없습니다. 굳이 순서를 정한다면 가정생활이 최우선이고 그 다음이 교회생활, 사회생활로 보입니다.

목사님 궁금합니다

교회 봉사로 힘들어요

Q 저희 교회는 봉사를 하지 않으면 믿음이 없는 신자로 여깁니다. 그렇게 봉사를 하라고 은근히 강요합니다. 다른 분들은 직장을 다니면서도 주일 하루를 꼬박 봉사하고 저녁 예배까지 드립니다. 저도 직장생활을 하는데, 믿음이 부족해서인지 봉사를 하면 숨이 막힌다는 생각이 들어요. 게다가 말씀 훈련의 시스템을 따라가기도 너무 힘듭니다. 목사님. 왜 교회는 계속 봉사를 강요할까요? 봉사가 믿음의 기준이 맞나요?

A 교회에는 봉사할 일꾼이 필요하고 또 실제로 부족한 경우가 많습니다. 성도들에게 봉사를 권유하고 봉사하지 않으면 믿음이 없다 하여 직분도 주지 않습니다. 그리고 봉사를 통해 상급과 복을 받는다고 말합니다. 하지만 이는 옳은 말이 아닙니다.

교회의 모든 일들, 예를 들어 봉사, 예배, 전도, 헌금 등의 원칙은 자발적이어야 하고 기쁨과 감사로 해야 한다는 것입니다. 억지로 하면 하나님이 기쁘게 받으시지 않습니다. 도리어 마음이 없고 형식적인 재물과 제사는 하나님이 원치 않으십니다. 하나님은 우리 마음의 중심을 보시지 겉모습을 보시지 않습니다.

믿음의 분량대로 하십시오. 있으면 있는 대로, 없으면 없는 대로 하는 것이 신앙입니다. "친구 따라 강남 간다"는 속담은 좋은 말이 아닙니다. 친구 따라 강남에 가면 대개 소신껏 일을 처리하지 못하여 스트레스가 쌓이고 불만이 생기게 됩니다. 내 형편껏 하면 됩니다. 남의 눈치를 보지 마십시오. 열심히 봉사하는 분들 중에도 속으로는 힘들어하는 사람이 많을 것입니다. 관계를 중요시하는 한국인의 특성상 억지로 하는 경우가 많습니다.

성경적으로 보면 예배는 일주일에 한 번만 하면 됩니다. 성경에는 주일 오후 예배, 수요 예배, 금요 예배, 새벽 기도회에 대한 근거가 없습니다. 한국 교회만이 가지고 있는 전통일 뿐입니다. 우리에게 복음을 전한 미국 교회는 일주일에 한 번만 예배하지만, 우리보다 믿음이 뛰어나고 훌륭한 신자가 많습니다.

왜 이런 차이가 있을까요? 이유 중 하나는 한국인이 보여주는 문화(포장 문화), 행위의 신앙을 갖고 있기 때문입니다. 봉사, 전도, 예배, 출석, 헌금을 많이 하면 하나님이 좋아하시고 조금만 하면 하나님이 싫어하고 복도 받지 못한다는 잘못된 의식에 사로잡혀 있기 때문입니다.

또 우리나라에 예배가 많은 이유는 신자들이 세상에서 죄를 짓지

목사님 궁금합니다

못하게 하기 위해서입니다. 그래서 자주 교회로 모이게 하는 것입니다. 이 방법이 조금 도움이 되는 것은 사실입니다. 하지만 기억하여야 할 것은 믿음이 크고 작고는 하나님만 아시는 것이지 목사나 장로, 권사들이 아는 것이 아니라는 사실입니다. 하나님과 예수님이 중심이지 목사나 예배당은 중심이 아닙니다.

교회는 모이는 곳에서 흩어지는 교회가 되어야 합니다. 실제로 교회 안에서만 봉사하고 충성하고 착한 척하는 신자들이 많습니다. 실제 가정생활, 사회생활 속에서는 세상 사람들보다 더 악한 말과 행동을 하는 사람이 많다는 것이지요. 어떤 사람이 신실한 신자인 줄 알려면 교회에서 봉사하는 모습보다는 교회 밖에서의 말과 태도를 봐야 합니다.

남들이 어떡하든 신경 쓸 필요가 없습니다. 권사나 장로로 진급(?)하기를 원하십니까? 그렇지 않다면 마음 편히 교회에 다니십시오. 교회의 모든 활동은 기쁨과 감사가 기초입니다. 내가 할 수 있는 만큼만 하면 됩니다. 그래야 재미있고 신나게 봉사할 수 있습니다.

한국 사람은 관계를 중요시하기 때문에 타인이 하면 나도 따라해야 직성이 풀리고 만족해합니다. 그러나 때로는 내가 할 수 없거나 하기 싫은 것은 과감히 할 수 없다고 말해야 합니다. 그래야 자존감이 회복되고 마음에 기쁨이 찾아옵니다. 다른 사람과 자신을 너무 비교하거나 평가하지 마십시오. 내가 있고 존재해야 다른 사람도 존재합니다. 나는 천하보다 더 소중한 존재라고 주님은 말씀하셨습니다.

그리고 교회에서는 믿음의 크기를 눈으로 확인하기 어렵습니다. 그래서 예배 출석, 봉사, 헌금(십일조), 전도로 신앙을 평가합니다. 아무리 믿음이 커도 이런 면이 저조하거나 부족하면 직분을 맡기지 않습니다. 그러므로 교회 활동으로 평가받는 것을 어느 정도는 이해하셔야 합니다.

그런 것이 싫으면 하지 않아도 무방합니다. 거듭 말씀드리는데, 힘이 닿는 대로 기쁘게만 감당하시면 됩니다. 구원을 받는 것과 예배 출석, 봉사, 헌금(십일조), 전도는 관련이 없습니다. 대신 봉사나 전도의 대가는 천국에서 상급으로 주어질 것입니다. 그러나 그것이 무엇인지에 대해 성경은 침묵합니다. 분명한 것은 상급이 큰 자나 작은 자나 천국의 기쁨은 동일하리라는 것입니다. 서로가 질투하고 시기하면 그곳은 천국이 아니니까요.

09

상처 받고 교회를 떠났습니다

Q 저는 어릴 적부터 최근까지 꽤 오랜 시간 교회를 다녔습니다. 그러다 교회 내 몇몇 신도의 안 좋은 행동들을 봤습니다. 교회 역시 헌금을 많이 낸 사람 순으로 주보에 이름을 올렸습니다. 한번은 내 삶이 힘들던 중 단순히 믿으면 다 해결된다는 담임목사님의 말에 상처를 받았습니다. 이후로는 교회를 나가지 않습니다. 하지만 하나님을 마음속으로 믿기에 가끔 혼자 기도도 하고 성경도 보고 있습니다.

A 먼저 만나서 반갑습니다. 글을 읽고 제 마음이 아팠습니다. 저도 비슷한 이유로 한동안 교회에 나가지 않았던 때가 있기 때문입니다. 한편 죄송하기도 합니다. 혹시 저 같은 신자 때문에, 아니 저 같은 목사 때문에 교회에 나가지 않는 분이 계실까 해서 말입니다. 우선 깊이 머리 숙여 제 잘못을 빌고 싶습니다. 물론 하나님께도 제 잘못을 회개합니다.

또 이렇게 고민하면서도 기독교에 대한 끈을 놓지 않는 분을 만나니 얼마나 반갑고 기쁜지 모릅니다. 가끔 기도하고 성경을 읽는 다고 하니 더욱 감사하고 기쁩니다. 그리고 잘 질문하셨습니다. 그 런 질문과 고민을 통해 기독교를 제대로 믿을 수 있는 것이지요. 그 런 의문이 없으면 신앙은 대개 뿌리가 없어 흔들립니다. 아니면 냄 비 신앙이 되어 확 뜨거워지다가 금방 식어버리는 신앙이 되고 맙 니다. 아마 대부분의 한국 신자들이 이런 신앙을 가지고 있다고 저 는 생각합니다. 참으로 안타까운 일이지요.

그래서 교회에 나가지 않는 마음을 짐작할 수 있습니다. 교회 다 니는 사람들의 이중적인 삶의 문제가 심각하다는 것도 압니다. 어 떤 교인들은 심지어 불신자보다 더 악하고 못된 말과 행동을 합니 다. 그리고 회개하면 하나님이 용서한다며 밥 먹듯 죄를 짓습니다. 어떤 신자들은 교회에 열심히 다니고 기도하고 봉사하고 헌금하면 하나님께서 복을 많이 주신다고 믿습니다. 심지어 출세하고, 자녀 가 잘되고, 죽어서는 천국에 가서 상급도 듬뿍 받는다고 말합니다. 교회에서 헌금을 많이 하는 사람이 대접을 받는 것도 압니다. 교회 만 나오면 잘된다고 하는 목사님의 말이 무엇을 의미하는지 아주 잘 알고 있습니다.

우선 이렇게 말씀드릴 수 있습니다. 형제((자매))님이 보고 듣고 느 낀 것은 기독교가 아닙니다. 아직 기독교의 근처도 오지 않은 그냥 종교라는 것이지요. 무당이나 점쟁이 같은 무속신앙과 다름이 없습 니다. 세상적인 욕망과 꿈만 요구하는 종교는 저급 신앙이자 형편

목사님 궁금합니다

없는 종교입니다. 그것이 기독교든 불교나 이슬람이든 마찬가지입니다.

현각 스님의 인터뷰 기사를 보았습니다. 현각 스님의 말에 따르면 불교가 돈을 밝히는 종교요, 기복 종교라서 많은 불교 신자들이 한탄하며 한국 불교를 떠난다는 것이었지요. 불교의 창시자 석가모니도 세상의 부귀영화, 빈부 격차와 인생의 고통과 고난을 피하기 위해 고행을 하고 수행을 하였습니다. 그런데 어찌 불자들이 그런 헛된 것을 따라갈 수 있습니까? 모두 부질없는 것이지요. 현각 스님은 한국 불교가 돈을 따라다니는 타락한 불교가 되었다고 개탄했습니다.

기독교도 마찬가지입니다. 기독교의 본질을 모르는 목사들이 간혹 있습니다. 제대로 공부하지 않고 기독교의 본질을 놓치는 잘못된 목사들이 있습니다. 그런 목사들 아래서 진리를 모른 채 맹종하며 신앙생활을 하는 신자들도 있습니다. 안타까운 일입니다. 그들은 교회만 다니면 구원을 받고 천국에서 영생을 누린다고 말합니다. 심지어 현세에서도 복을 받는다고 가르칩니다. 하지만 그것은 기독교의 가르침이 아닙니다. 기독교의 본질이 아니라 비본질인 허상을 좇고 있다는 것이지요.

기독교는 그런 종교가 아닙니다. 하나님은 우리를 사랑하셔서 예수님을 이 땅에 보내셨습니다. 우리가 가진 죄를 용서하시고 하나님의 아들과 딸로 삼으시려고 이 땅에 하나님의 아들인 예수님을 보내신 것입니다. 예수님이 나의 모든 죄를 지고 십자가에서 비참한 죽임을 당하시고 부활하신 것입니다. 이 사실을 마음으로 믿고 내 입으로 시인하거나 고백하면 구원을 받습니다. 착한 말과 행동을 하지 못하더라도 주님을 고백하면 구원을 받아 영생을 누릴 수 있습니다. 그래서 이것이 복음, 기쁜 소식입니다. 너무 쉬워서 의심하는 분들이 있습니다. 저도 압니다. 그러나 그것이 기독교의 기본적인 진리인 것을 어찌합니까?

그러나 여기서 끝나지 않습니다. 하나님의 아들과 딸이 되었으니 기쁘고 감사합니다. 이 기쁨으로 인해 이웃에게 착한 말과 선한 행위를 하는 것이지요. 그리고 하나님께 예배하기 위해 교회에서 헌금하고 교제하고 전도하는 것입니다. 하지만 기쁘고 감사한 마음 없이 억지로 예배하고 헌금하고 전도하면 그것은 가짜입니다. 그런 돈과 정성은 하나님이 받지 않으십니다. 하나님은 모든 것을 가지신 분입니다. 전지전능하고 자족하시는 분이 무엇이 부족하여 형제(자매)님의 돈을 받으려고 하시겠습니까? 형제(자매)님이 다녔던 교회는 건강한 교회로 보이지 않습니다. 이해하시겠지요.

목사님 궁금합니다

10

친구가 동성애자라서 싫어요

Q 1년 전 저는 학교에서 한 친구를 사귀었습니다. 어느
날, 그 친구가 기독교인이지만 교회에 잘 안 나간다는
말을 듣고 그 친구를 저희 교회에 전도했습니다. 그러던 중
수학여행 때 그 친구가 동성애자라는 사실을 알게 되었습니
다. 저는 몹시 당황하여 그 친구에게 동성애를 포기하고 교회
를 다닐 것인지, 동성애를 유지하며 교회를 그만 다닐 것인지
둘 중 하나를 고르라고 강요했습니다. 그 친구는 후자를 선택
했고 교회를 안 나오게 되었습니다. 그런데 전도사님께서 그
친구와 얘기해 다시 교회로 나오게 했습니다. 저는 그 친구가
교회에 다시 나오는 것을 보고 경멸을 느꼈습니다. 그 이후로
저는 교회와 아예 연을 끊었고 하나님과도 더 멀어지게 되었
습니다. 제가 그 친구에게 선택을 강요한 것은 잘못이라는 것
을 압니다. 그러나 그 이후에 일어난 일들과 앞으로의 일에
어떻게 대처해야 할지 모르겠습니다. 제발 도와주세요.

A 먼저 동성애자를 교회에서 배척하지는 말아야 합니다. 그러나 동성애자가 교회 안에서 자신을 정당화하거나 선전하는 일은 허용할 수 없습니다. 그렇다고 동성애만 특별히 나쁜 죄라고 볼 수는 없습니다. 동성애도 많은 죄악 가운데 하나입니다. 하나님의 기준에 어긋나는 것은 모두 죄입니다. 하나님 앞에서는 상대방에게 거짓말하고 바보라고 말하는 것과 동성애나 살인을 저지르는 것은 별 차이가 없습니다. 동성애자를 차별 대우하기보다는 교회의 동일한 지체로 여기고 교제해야 합니다.

중요한 것은 교회에서 동성애자 친구를 거절하거나 뿌리치지 않는 일입니다. 술을 먹거나 담배를 피우는 사람에게 술, 담배를 끊고 교회에 나오라고 하면 몇 명이 나오겠습니까? 아마 거의 나오지 않을 것입니다. 마찬가지입니다. 친구도 동성애가 잘못인 것을 알 것이고 한편으론 마음에 상처를 안고 있을 것입니다. 당장 고칠 수는 없지만, 신앙생활을 하면서 서서히 하나님의 도움과 본인의 노력으로 고쳐지리라고 봅니다. 하지만 이미 엎질러진 물입니다. 자신을 억압하거나 너무 꾸짖지 마세요. 아마 저 같아도 동성애자 친구에게 같은 말과 행동을 했을 것입니다.

자, 이제 다시 하나님께 돌아가세요. 가능하다면 용기를 내어 전에 다니던 교회를 다니십시오. 모두 환영할 것입니다. 그 친구와도 화해하세요. 그리고 그 친구를 위하여 진심으로 기도하세요. 동성애가 죄라는 것은 친구도 알 것입니다.

목사님 궁금합니다

마지막으로, 교회를 떠나면 신앙이 죽어버립니다. 그러나 하나님께 회개하고 돌아오면 회복되어 하나님의 사랑과 돌보심을 받습니다. 물론 지금도 하나님은 당신을 기다리시고 여전히 사랑하십니다.

11

기복신앙이란 무엇인가요?

Q 교회를 다니다 보면 입시와 취업을 위해 기도하는 청년들을 자주 봅니다. 그런데 하나님의 뜻보다 자신이 원하는 것을 구하는 기도를 기복신앙으로 볼 수도 있지 않나요? 그럼 살면서 겪는 어려움과 문제들을 도와주시기를 청하는 것도 기복신앙인가요?

A 기복신앙(祈福信仰), 성공신앙, 번영신앙은 피해야 할 신앙입니다. 기복신앙이 무엇이냐고 질문하면 대답하기가 쉽지 않습니다. 기복은 한자어로 '빌 기(祈)'와 '복 복(福)'으로 이루어져 복을 빈다는 의미입니다. 그렇다면 복을 빌기만 하면 모조리 기복신앙이 되나요? 기독교는 복과 관련이 없는 종교인가요? 기복적이지 않은 신앙은 무엇인가요? 이런 질문이 나올 수밖에 없습니다. 먼저 기복(祈福)의 사전적 정의를 알아봅시다.

"복을 기원함을 목적으로 믿는 신앙. 즉, 신앙 대상인 하나님과 그

목사님 궁금합니다

분의 뜻을 추구하는 것보다 자신의 형통과 소원 성취와 입신양명(立身揚名), 무병장수와 자손 번영 등을 최고의 목적으로 삼는 초보적이고 현세적(現世的)인 신앙 행태를 말한다."

- 교회용어사전 : 교회 일상, 2013. 9. 16.

기복이란 자신과 가족의 번영, 출세, 성공, 장수 등을 빌고 간구하는 것을 최고로 삼는 것을 의미한다고 합니다. 그런데 이 정의가 옳다면 반드시 뒤따르는 질문이 있습니다. 그럼 강단에서 목사가 축복기도를 하지 않아야 합니까? 저는 지금까지 축복기도를 하지 않는 목사를 만난 적이 없습니다. 쉽게 말해 신자가 물질적으로 건강상으로 어려움을 당하거나 가정과 일터에 문제가 생기면 목사들은 주님의 은혜로 평안하게 되기를 기도합니다. 따라서 초보적이고 현세적인 간구 기도를 하지 않는 목사는 단 한 명도 없다고 봅니다.

간혹 기복적인 신앙을 싫어하는 목사가 있다고 가정해봅시다. 환우나 가난한 교우, 우환이 있는 가정에서 내세 신앙만 말하고 현실을 무시하라고 말하는 목사가 있겠습니까? 기복신앙을 끔찍하게 싫어하는 저도 기복적인 목사가 될 때가 있습니다. 저와 통화를 하신 분이나 직접 만나서 기도한 분들은 제가 얼마나 기복적인 목사인지를 압니다. 왜냐하면 가난하거나 병이 들어 집안에 우환이 있는 신자들을 만나면 건강과 직업과 각종 문제가 해결되기를 기도하기 때문입니다. 그렇다면 이런 기도는 타인을 위한 기도이므로 기복신앙이 아닐까요? 기복적인 기도가 아니라고 말할 분도 있을 것입니다.

저와 제 가족을 위한 기도는 어떤가요? 제가 교통사고가 나서 다리 골절상을 입고 병원에 누워 있다고 가정합시다. 이때 빠른 시일 안에 치유되고 장애가 없기를 기도한다면 기복신앙이 될까요? 작은아들이 일류 대학에 입학하기를 기도하는 것은 잘못인가요? 큰아들이 회사에서 부장으로 진급하기를 바라는 기도도 기복이 되나요? 누님과 조카가 차린 치킨 가게에 손님이 늘어서 수입이 많아지기를 바라는 기도는 어떤가요?

기복신앙이라고 대답하는 분들이 꽤 있을 것입니다. 결론부터 말하자면 이런 기도는 기복적인 기도가 될 수도 있고 아닐 수도 있습니다. 그렇다면 기복신앙의 기준은 무엇일까요?

첫째, 기도의 목적이 하나님과 이웃 사랑을 배제한 채 나와 가족을 위한 것일 때

기복신앙은 가난하고 소외된 이웃을 외면합니다. 고난과 고통으로 신음하는 사람들을 지나칩니다. 교회 주변에는 어렵고 힘든 사람들이 즐비하지만, 굳이 그들에게 시선을 돌리거나 집중하지 않습니다. 그들을 위한 기도나 간구도 없고 물질적·시간적·정신적인 도움이나 나눔도 없습니다.

둘째, 하나님이 주신 복을 현세의 물질, 건강, 출세, 명예로 돌릴 때 대표적인 것이 일부 교단에서 주장하는 '삼박자' 축복입니다. "영혼이 잘됨같이 범사에 잘되고 강건하게 되는 것"(요한삼서 1:2)입니다. 삼박자 축복은 영혼의 구원, 생활의 복, 건강의 복입니다. 현세에 복을 받지 못하면 실패한 신자로 간주하기 쉽습니다. 눈에 보이는 실질적인 복을 받으면 믿음이 좋고 복을 받지 못하면 믿음이 적은 신자가 됩니다.

셋째, 기독교를 믿는 목적이 내세 구원보다 현세에 집중될 때 이른바 '예수 성공, 불신 실패'를 주장하는 서울 강남의 어느 초대형 교회와 같습니다. 하나님을 믿고 예수님을 믿으면 성공한다는 것입니다. 부자가 되고 출세하며 자식이 모두 잘된다는 것이지요. 불행하게 되면 하나님께 복이 아니라 저주를 받은 것입니다. 교회 내에서도 장로나 권사가 되는 것이 목표입니다. 복을 받은 것이 되니까요.

그렇다면 성경에서 말하는 복의 기준은 무엇일까요?

구약시대에는 현세적 복을 받는 데 초점이 맞추어져 있었다고 봅니다. 장수하는 것, 부자가 되는 것, 자녀가 많은 것, 전쟁이 없는 것을 복된 삶으로 보았습니다. 복의 근원이자 통로였던 아브라함도 예외가 아닙니다. 그의 바람은 자녀가 많은 것, 재산이 많은 것, 땅이 많은 것이었으니까요.

그러나 신약시대로 넘어오면서 복의 개념이 바뀌어 외적이고 현실적인 복에서 내적이고 영적인 복으로 변화 되었습니다(마태복음 5:3~12 / 에베소서 1:3~6).

그러므로 성경적 축복관에 다음과 같은 이견이 생길 수 있습니다.

첫째, 현세(現世)의 복을 강조하는 경우

이 경우는 하나님이 현세에 주신 부, 명예, 출세, 자녀를 복받은 것으로 여깁니다. 그렇지 않고 가난하거나 암 같은 질병에 걸릴 때 또는 자식이 잘못되어 불행한 삶을 살 때는 복을 받지 못했다고 여깁니다. 물론 기복신앙을 주장하는 이들도 내세의 복이나 영적인 복을 무시하지는 않습니다. 하지만 내심은 현실의 복, 현재의 복에 관심을 두는 경우가 많습니다. 실제로도 목사를 포함한 한국 교회의 많은 교인이 기복신앙, 번영신앙에 빠져 있습니다. 현세에 복을 받는 신자가 믿음 좋은 신자가 되는 말도 안 되는 일이 벌어지는 것입니다. 이런 기복신앙을 가진 신자가 많을수록 교회는 건강하지 못하고 어린아이 신앙에 머무르게 될 것입니다.

둘째, 내세(來世)의 복을 강조하는 경우

내세의 복, 영적인 복은 구원을 받아 저주에서 풀려나고 하나님의 자녀가 되어 영원히 함께 사는 것입니다. 그렇다고 건강, 물질, 자식, 출세, 명예 등 현실에서 받는 육적인 복을 무시하며 살지는 않습니다. 다만 육적인 복을 대범하게 여기면서 살아갑니다. 이런 신앙을 가진 분들은 매우 드뭅니다. 다만 목사나 선교사 가운데 현세의 복을 중요하게 생각지 않는 분들을 만난 적은 있습니다. 이런 내세의 복을 지향하는 신자들이 많았다면 한국 교회가 이렇게까지 추락하지는 않았을 것입니다.

그렇다면 내세(새 하늘과 새 땅, 하늘나라, 천국) 신앙을 갖기 힘든 이유가 무엇일까요? 대표적인 이유를 몇 가지만 생각해보았습니다.

1) 지구를 포함한 우주는 영원하며 갑자기 격변하거나 위기에 빠지지 않는다.
2) 현재의 삶이 너무 여유롭고 재미있으며 보람되어 좋다.
3) 내세는 세상에서 실패한 사람들의 도피처나 대안이다.

셋째, 현세적인 복과 내세의 복이 연결되는 경우
이것이 어쩌면 현실적으로 가장 바람직한 입장일 수 있습니다. 현세에 하나님이 주시는 복을 무시하지도 않고 미래에 이루어질 하늘나라의 복도 무시하지 않는 것입니다. 이런 신앙을 가진 신자는 현세에 복을 받을 수도, 받지 못할 수도 있다고 믿습니다. 복은 철저히 하나님의 주권에 달려 있다고 보는 것이지요. 하지만 인간의 노력까지 무시하는 것은 아니므로 열심히 공부하고 일터에서 수고하며 땀을 흘립니다. 누구보다도 열심히 노력하고 일하는 것이지요.

또한 현세의 복은 하나님이 주시면 받고 주시지 않으면 받지 않는다는 확고한 믿음을 가지고 있습니다. 그러다 보니 아프고 괴롭고 슬픈 현실과 환경에서도 절망하거나 좌절하지 않습니다. 궁극적인 신앙의 목표는 내세(즉 하늘나라, 천국 지향)니까요. 그러므로 불신자가 아무리 잘 먹고 잘 살고 자식이 잘되어도 별로 부러워하지 않습니다. 살았어도 죽은 사람이기 때문입니다.

셋째에 해당하는 신자는 하나님께 자식의 성공을 위해, 배우자의 출세를 위해, 부모님의 무병장수를 위해 기도합니다. 이와 동시에 하나님의 나라와 의를 구하고 이루어지기를 간구합니다. 그러면서도 이 모든 것이 더해지기를 요구하거나 조건부로 요구하지 않습니다. 즉, 이프(if : ~을 이루어주신다면 ~을 하겠다) 신앙이나 비코즈(because : ~을 이루어주셨으므로 ~을 하겠다) 신앙에서 벗어납니다. 우리는 최소한 이 셋째 신앙에 있어야 합니다.

그렇다면 만약 현세에 복이 없거나 부족할 때는 어떻게 하나요? 이런 질문이 나올 수 있습니다. 나 자신이 건강을 잃어 고통을 받는다면, 남편이 갑자기 실직하거나 사업이 망하게 되었다면, 지금 별거하거나 이혼할 위기에 있다면 어떻게 해야 하나요? 이때 나는 정직하게 하나님께 우리의 아픔과 괴로움, 슬픔을 드러내고 기도할 수 있습니다. 아니, 기도하여야 합니다. 이런 난국에서 구해주시기를 기도하여야 합니다. 주님도 우리에게 일용할 양식을 위하여 기도하라고 가르쳐주셨으니까요.

하지만 여기서 반드시 기억해야 할 사실이 있습니다. 바로 예수님의 기도입니다. "나의 원대로 마시옵고 아버지의 원대로 하옵소서"(마태복음 7:9~10)에 근거해야 합니다. 하나님은 우리가 예수님을 믿는다고 해서 현세의 복을 보장하지는 않습니다. 살다 보면 태양이 쨍쨍하게 비치는 맑은 날만 있는 것은 아닙니다. 때로는 비가 오고 바람이 불거나 태풍이 부는 날도 있습니다. 우산이 찢어져서 옷과 신발이 다 젖기도 합니다. 우리가 살아갈 날도 마찬가지입니다. 온갖 어려움과 괴로움, 슬픔과 비참을 경험할 수도 있습니다. 가난, 질병, 실직, 파산 같은 상황을 만날 수도 있는 것입니다. 하지만 그런 불행이 나 자신에게나 가족에게 다가온다 해도 우리는 내세의 복을 기다려야 합니다. 너무 실망하거나 좌절하지 마십시오. 결단코 실족하여 하나님을 떠나는 일이 없어야 합니다. 도리어 더 꼭 붙어 있기를 바랍니다. 내세에서 내 눈물을 닦아주고 위로하실 주님을 기대하고 소망하며 살아가기를 바랍니다.

Chapter 03

생활 상담

01

물질적 고난으로 힘들어요

Q 목사님의 글을 통해 참된 그리스도인에 대해 공부하고 있습니다. 저는 기독교 신자인 남편과 결혼해 자연스레 믿음 생활을 시작했습니다. 비록 물질적인 고난이 크지만 성경을 읽으며 하나님을 믿고 있습니다. 이 고난을 통해 더 주님을 믿고 의지해야 한다는 것을 알고 있습니다. 하지만 현실적으로 힘들고 어려운 것이 사실입니다. 귀한 조언 부탁합니다.

A 질문을 읽으면서 자매님의 신앙에 놀랐습니다. 지금 자매님이 하시는 언행은 성숙한 신자들이 할 수 있는 것입니다. 대개는 고난을 당하면 하나님의 존재를 의심하고 실망합니다. 그래서 교회를 등지는 신자들이 의외로 많습니다. 물질적인 고난이 있으면 어렵고 힘들고 불편한 일들이 많이 발생합니다. 특히 자본주의 시대, 물질만능주의 시대를 살아가는 현대인들에게 물질은 매우 중요하고, 교회를 다니는 신자들도 별반 다르지 않습니다.

성경에는 고난이 유익이라는 말도 있습니다(시편 119:71). 또 그리스도인은 우리가 주님과 함께 영광을 받기 위하여 고난도 받아야 한다고 합니다(로마서 8:17). 그럼에도 고난은 힘들고 아픕니다. 세상살이가 오죽 힘들면 불교에서는 생로병사 같은 고난의 탈출을 목표로 가르치겠습니까? 그럼에도 고난은 희망(소망)을 가져온다는 성경 말씀을 기억해야 합니다(로마서 5:3~4).

불신자들도 고난을 말할 때 "과거의 고난과 역경이 있었기에 오늘날의 내가 있다"고 이야기합니다. 그분들이 울먹이면서 그런 이야기를 하는 것을 저는 많이 보았습니다. 현재의 어려움을 극복하고 지나간 과거를 돌이켜볼 때 사람들은 그때가 괴로웠지만 행복했다고 말하곤 합니다. 저도 아팠던 과거가 아름답고, 현재가 중요하다는 것을 나이가 들어서 조금씩 알게 되었습니다. '현재'를 나타내는 영어 단어, 프레즌트(present)에는 '선물'이라는 뜻도 있습니다. 아마도 현재가 선물이라는 의미겠지요. 암울하고 앞이 보이지 않는 현실이 바로 선물이라는 것을 깨닫는 사람은 복을 받게 됩니다.

맹자는 〈고자편(告子篇)〉에서 이런 말을 하였습니다.

> "하늘이 어떤 사람에게 큰 임무를 내리려 할 때에는 … 그의 육신과 살갗을 굶주리고 시달리게 한다. 그의 몸에 아무것도 남아 있지 않게 한다. 그러고는 그가 하는 일마다 원하던 바와 다르게 완전히 다르게 엉망으로 만들어놓곤 한다. 그 이유는 예전에는 해내지 못하였던 일을 더욱더 잘 해낼 수 있게 해주기 위해서다."

즉, 맹자는 내가 겪고 있는 시련은 무엇이며, 하늘이 나에게 맡기려는 임무가 무엇인가를 되묻고 있는 것입니다.

현재 고난으로 힘들고 어렵더라도 다음과 같이 긍정적으로 생각하시기 바랍니다.

불행 중 다행이라고 생각하십시오.

비록 물질이 없으나 우리 집은 자상한 남편과 귀여운 자녀들이 있다. 우리 가족은 화목하다. 나와 남편도 건강하다. 길거리에 쫓겨 살지 않고 집에서 살고 있다.

전화위복의 기회로 삼으십시오.

가난한 사람들을 이해할 수 있게 되었다. 그동안 근검절약하지 못했으니 절약하자. 계절에도 춘하추동이 있고 인생에도 춘하추동이 있다. 날씨는 항상 맑은 것이 아니다. 무엇보다 내가 부자가 되어 하나님을 모른다고 하지 않으니 감사하다.

02

가난한 신자와 부자 불신자

Q 고난 없는 신자들은 하나님이 사랑하시지 않나요? 고난을 받는 사람들만 하나님이 사랑하시나요? 그리고 하나님은 믿는 신자들만 사랑하시고 불신자는 미워하시나요?

A 고난을 받으면 하나님이 사랑하시고, 고난이 없으면 하나님이 사랑하시지 않는다고 말하는 것을 옳지 않습니다. 성경에는 의인이 잘살고 잘되며, 악인이 못살고 불행하다는 인과응보, 권선징악, 사필귀정 같은 사상을 말하는 구절이 아주 많습니다. 이것을 '신명기적 역사관'이라고 하며, 성경을 해석하는 한 줄기 흐름이 됩니다(신명기 28장을 읽어보십시오).

그러나 성경에는 반대로 의인이 고난을 받고 가난하고 병들며, 불신자는 고난도 받지 않고 호의호식하며 떵떵거리며 산다고 하소연하는 구절들도 적지 않습니다(욥기, 시편 73편, 하박국 일부).

사실 세상에서는 불신자들이 신자들보다 더 잘사는 것 같습니다. 세상의 환락과 쾌락, 부정부패를 즐기면서 하나님이 어디 있느냐고

생활 상담

조롱하기도 합니다. 자손 대대로 떵떵거리고 호의호식하고 불로장생하며 삽니다. 하지만 언제 그들의 불쌍한 최후를 알 수 있을까요? 바로 숨이 끊어지는 순간입니다. 그들에게 심판이 기다리고 있다는 것이지요(히브리서 9:27).

그럼에도 불구하고 하나님은 사랑의 하나님으로서 불신자도 회개하고 돌아오도록 기다려주십니다. 다시 말해, 하나님은 신자와 불신자를 구분하지 않고 모든 사람을 사랑하십니다. 하나님은 차별을 두지 않고 모든 사람에게 햇빛과 비를 골고루 내려주십니다. 이것을 일반 은총이라고 합니다.

그런데 하나님은 특별히 사랑하는 사람(신자)들을 위해 고난을 주십니다. 왜냐하면 당신의 자녀이기 때문입니다. 내 아들, 딸을 강하고 올바르게 키우기 위해 때로는 야단도 치고 벌도 주지 않습니까? 그러나 이웃집 아이는 내 아이가 아니므로 함부로 주의를 주거나 체벌하지 않습니다. 더욱이 요즘은 남의 아이를 훈계하면 망신을 당할 수도 있는 시대가 되었습니다.

이처럼 부모는 자신의 자녀를 올바르게 키우려 합니다. 또한 유산을 물려주기도 합니다. 이것을 특별 은총이라 부르며, 그리스도인만이 가지는 특권입니다. 그리스도인은 영적인 복을 누리고 사는 사람들입니다. 하나님과의 자녀 관계를 누리고 그분과 동행합니다. 이런 기쁨과 마음의 평화를 느끼며 살다 죽어서 영생을 누리는 것입니다.

결론은 하나님이 모든 사람을 사랑하신다는 것입니다. 고난의 유무와 관계없이 하나님은 모든 사람을 사랑하십니다. 남녀노소, 빈부, 인종, 피부색과 관계없이 모든 사람을 사랑하십니다. 그러나 예수님을 믿는 사람들에게만 하나님의 자녀가 되게 하시고 동행해주시며 영생을 누리게 하십니다.

03

성공한 부자는 천국에 못 들어가나요?

Q 저는 현재 수험생입니다. 제가 가고 싶은 길이 명확하고 저는 그 길에서 성공하고 싶습니다. 그런데 요즘엔 그 마음과 생각이 죄인가 하는 의문이 들더군요. 유튜브 목사님들의 설교에 따르면, 부자가 천국에 가는 것은 낙타가 바늘구멍에 들어가는 것보다 힘들다고 말씀하십니다. 성공하고 싶은 욕망, 부자가 되고 싶은 욕망을 버려야 하고 하나님을 위해서 살며 내 이웃들을 위해 살아야 한다고 하십니다. 성공해서 잘살고 싶다는 저의 생각 자체가 죄인지 알고 싶습니다.

A 성경은 부자가 되거나 성공하는 것을 반대하지 않습니다. 그러나 돈의 노예가 되는 것, 돈을 사랑하는 것은 반대하지요. 다시 말해, 부자가 되어 자신만 잘 살고 불쌍하고 소외된 사람에게 도움을 주지 않는 행위를 반대하는 것입니다. 또 돈을 정직하게 벌어야 한다고 성경은 말합니다. 정직하게 번 돈을 선교, 교육, 학교, 병원 설립 등 하나님 나라의 확장에 사용하면 됩니다. 그리고

기독교인이 성공하고 출세하면 좋습니다. 그만큼 영향력이 있는 사람이 되어서 불신자도 전도할 수 있고 하나님의 나라를 더 많이 빠르게 확장할 수 있기 때문이지요.

성공을 위해 기도할 때도 마찬가지입니다. 자신과 가족의 건강, 화목, 평화, 출세처럼 모든 것을 대상으로 기도할 수 있습니다. 그러나 그런 것에만 매달리면 기복신앙이 됩니다. 처음에 어린 신앙일 때는 그런 기도를 하지만 신앙이 자라고 성숙하면 불쌍한 이웃, 잘못된 제도나 법, 국가, 대통령. 세계 평화, 가난 등 타인을 위한 기도를 하게 됩니다. 그리고 그들을 위하여 내가 가진 돈, 물질, 재능과 시간을 사용하게 됩니다. 이것이 바람직한 기독교인의 삶입니다. 따라서 남에게 피해를 주거나 생명과 인격에 침해를 주지 않는 한 어떤 직장이나 직업을 가져도 됩니다.

(04)

믿지 않는 남성과 결혼해도 되나요?

Q 몇 년 동안 마음 한구석에 진정한 평화가 없습니다.
결혼을 약속한 무신론자 남자친구로 인해 마음이 괴롭습니다. 몇 년 동안 기독교에 대해 설명하고 설득했지만 다 허사입니다. 그는 기독교와 타종교에 대해 심한 거부감과 반발심을 가지고 있습니다. 심지어 개독교라고 하고, 종교는 다 없어져야 한다고 말하기도 합니다. 목사님! 제가 남자친구와 어떻게 해야 하나요?

A 얼마나 힘들고 어려울지 짐작이 갑니다. 사랑하는 남자친구인데 헤어지기도 어렵고, 계속 교제하고 장차 결혼하자니 난관이 예상되는 상황입니다. 우선 저는 신학적으로 매우 열려 있는 보수적인 목사임을 전제로 조언하고자 합니다. 성경적인 원칙은 '불신자와 결혼하지 말라'입니다. 이것은 변하지 않습니다.

그러나 저는 열린 생각을 가진 목사이므로 예외가 있다고 생각합니다. 인격적으로 훌륭한 불신자와의 결혼입니다. 인격은 대개 성격, 성품과 비례하는 경향이 있습니다. 인격과 성품이 제대로 형성되어 있는 사람은 상대방을 배려하고 포용하는 말과 행동을 합니다. 인격이 덜된 사람은 자기가 듣기 싫은 말이나 행동에 대해 화를 내거나 폭언을 합니다. 이로 인해 상대방의 마음을 아프게 하고 괴롭게 합니다. 심지어 물리적인 폭력까지 사용합니다.

자매님의 글에서 느껴지는 남자친구의 인격과 성격은 자상한 사람처럼 보이지 않습니다. 도리어 그 반대로 보입니다. 인격적인 사람은 경제, 인종, 종교, 성별 차이를 빌미로 타인을 차별하거나 편견을 드러내지 않습니다.

또 사람은 자신이 사랑하거나 존경하는 사람의 의견과 취향이 자신의 마음에 들지 않아도 간곡히 부탁받으면 수용하거나 일단 받아주곤 합니다. 그리고 자신이 직접 그 일이나 사건에 개입하면서 자신의 의견과 느낌을 피력합니다.

특히 연인 간에는 더 각별하지요. 상대방의 결점이나 허점까지도 예뻐 보이고 멋있어 보이니까요. 사랑하게 되면 곰보도 보조개로 보이는 것이 인지상정입니다. 오죽하면 우리 속담에도 "처가 예쁘면 처갓집 말뚝 보고 절을 한다"는 말이 있지 않습니까? 아내가 좋고 사랑스러우면 처갓집 식구는 물론 아내 주위에 있는 하찮은 것들도 고맙고 좋아 보인다는 의미입니다.

제가 무슨 말을 하려는지 이미 눈치챘을 것입니다. 자매님의 남자친구는 자매님을 진심으로 사랑하지 않는 것으로 보입니다. 일반적으로 남자는 여자를 사랑하면 여자가 좋아하는 것을 속으로는 싫어도 겉으로는 슬쩍 넘어가줍니다. 남자들이 결혼 전과 후가 다르다고 하는 것이 이 때문입니다. 결혼 전부터 이 정도니 결혼하고 나면 오죽하겠습니까? 남자들이 하는 농담 중 "잡은 고기에 먹이 안 준다"는 뼈 있는 말이 있습니다.

자매님에게 가장 이상적인 배우자는 그리스도인이어야 합니다. 그렇지 않으면 결혼 후에 몇 배의 환란과 핍박이 기다릴 수 있기 때문입니다. 아마도 남편은 주일 아침마다 교회에 가는 아내에게 얼굴 붉히고 큰 소리로 화낼 것입니다. 가치관과 종교관이 달라서 사사건건 대립하게 될 것입니다.

또 결혼생활에서 따로 떼어낼 수 없는 것이 성생활입니다. 상대방을 배려하지 못하는 남성은 대개 성관계로 자신의 만족만을 채우려 합니다. 따라서 여성은 성관계를 즐겁게 느끼지 못하거나 의무적으로 받아들이는 삶을 살게 됩니다. 하나님이 허락하신 "둘이 하나가 될지라" 하는 말씀이 무색하게 된다는 의미입니다.

결혼생활에서 부부간의 스킨십과 성생활도 무시하지 못한다는 점을 명심해야 합니다. 그리스도인이라고 하여 성생활을 터부시하거나 꺼리는 것은 기독교적 세계관을 가지고 있지 못하다는 증거가 됩니다.

인품 있고 교양 있고 성격 좋은 불신자 남자가 있다고 가정해봅시다. 그런 남자라면 여자친구를 사랑하고 배려해 함께 교회에 나가서 신앙생활을 합니다. 이런 경우를 '장가 예수'라고 하며, 나중에 장로님이 되신 분들도 꽤 있습니다. 이런 남자들은 예수를 믿어도 잘 믿습니다. 인격과 성격이 그만큼 중요하다는 것이지요. 돈, 명예, 좋은 직장, 인물도 중요하지만 더 중요한 것은 자매님을 얼마나 사랑하고 아끼느냐 하는 것입니다. 사랑은 모든 것을 이해하는 힘이 있기 때문입니다(고린도전서 13장 1~7절을 읽어보시기 바랍니다).

결혼하기 전부터 안티크리스천이라면 더 이상 교제를 지속하거나 결혼하기 어렵습니다. 더 중요한 것은 남자친구의 성격과 인격이 문제가 있어 보이고, 또 자매님을 진정 사랑하는지 의심이 갑니다. 남자는 여자를 마음으로는 사랑하지 않아도 육체로 좋아하는 경향이 있습니다. 즉, 여자를 자신의 성욕을 만족시키고 애를 낳고 키우는 개체로 인식하는 사람들이 적지 않다는 말이지요. 특히 불신자들은 그 정도가 매우 심합니다. 그래서 인격이 중요하다는 것입니다.

결론적으로 남자친구의 인격과 성품이 중요합니다. 인격이 훌륭해서 함께 기독교를 이해하고 신앙생활을 한다면 좋습니다. 아니, 최소한 상대의 종교를 반대하지 않고 이해해줘야 합니다. 그러나 고통과 고난이 올 수도 있다는 것을 각오해야 합니다.

05

아내가 다른 남자와 바람이 났어요

Q 저는 아내가 돌아오기를 기다리며 매일 새벽기도를 나가고 있습니다. 작년에 아내에게 다른 남자가 생겼습니다. 매일 그 남자 집에서 자고 제가 새벽기도를 나갈 때 들어옵니다. 저희 부부 사이에 끼어들어 가정을 파괴하는 내연남과 아내를 죽이고 싶었지만 용서하고 돌아오기를 기다리고 있습니다. 저는 가정을 지키고 싶습니다. 간음 이외에 이혼은 안 된다는 성경 말씀도 있지만, 저는 가정을 지키고 싶습니다. 정말 간음한 아내와 이혼하는 것이 맞는지 궁금합니다.

A 형제님의 글을 읽고 마음이 참 아픕니다. 얼마나 화가 나고 분노가 치밀어 오를까요? 저 같아도 금방 아내를 용서하기는 힘들 것입니다. 그럼에도 불구하고 사랑하는 아내와 헤어지지 못하는 형제님의 마음을 어느 정도는 이해합니다. 참 잘 생각하셨습니다.

우선 이혼과 관련해 절대적인 것은 없습니다. 그러나 큰 지침은 있습니다. "결혼하면 헤어질 수 없다"는 것이 성경의 큰 흐름이라는 것에 반론은 없습니다. "하나님이 짝지어 주신 것을 사람이 나눌 수 없다"고도 합니다(마태복음 19:6). 이것이 하나님의 뜻입니다. 그러나 다음 네 가지 경우에 결혼 관계가 깨어진다고 성경은 말합니다.

첫째, 배우자의 죽음입니다(고린도전서 7:39).
이때 살아 있는 사람에게는 재혼할 자유도 있고(로마서 7:2~3), 독신으로 지낼 수도 있는 자유(고린도전서 7:8)가 주어집니다. 둘 다 허용이 됩니다. 조선 시대에는 유교의 영향으로 수절하는 것이 미덕으로 간주되었습니다. 그러나 성경적으로 그리스도인에게는 적용할 수 없습니다. 재혼한다고 망자에 대한 신의를 저버리는 것도 아니고 독신으로 산다고 하여 칭찬을 받는 것도 아닙니다. 이 세상과 달리 천국에는 결혼이라는 제도가 없습니다(마태복음 22:30 / 마가복음 12:25 / 누가복음 20:35).

둘째, 배우자의 음행입니다(마태복음 19:9).
성경은 사람의 연약함과 완악함으로 인하여 배우자의 부정이 있을 때 이혼을 허용합니다(마태복음 5:32). 배우자가 동성과 부정한 행위를 할 때와 수간(獸姦)을 하는 것도 포함됩니다. 하지만 부정한 행위를 한 배우자가 용서를 구하면 함께 사는 것이 바람직합니다. 이웃 사랑을 보여주는 아주 좋은 예입니다(요한복음 8:3~11).

셋째, 신앙의 차이입니다(고린도전서 7:12 이하).
불신자와의 신앙 차이로 어려움과 난관에 처할 경우에는 이혼을 할 수 있습니다. 배우자가 종교적인 차이로 인하여 헤어지기를 원할 때는 이혼할 수 있습니다. 특히 하나님과 예수님을 믿는다고 엄청나게 핍박하거나 폭력을 행사한다면 이혼할 수 있습니다. 가장 좋은 것은 그런 배우자를 전도해 함께 교회에 나가는 것입니다.

넷째, 배우자의 상습적인 폭행입니다.
다만 이 경우는 성경에 명확하게 나타나 있지 않습니다. 그러나 상습적인 신체적 폭력(언어폭력 포함)은 생명 존중과 보호의 차원에서 생각해보아야 합니다(마태복음 16:26 / 욥기 1:21). 생명을 잃으면 결혼 질서도 파괴될 수밖에 없으므로 생명을 보존하는 것이 먼저입니다. 이유를 막론하고 폭력은 막아야 하고 정당화될 수 없습니다. 언어폭력으로 인해 심리적인 억압을 당하면 정상적인 사회생활이 불가능한 경우가 많습니다. 심지어 상대방의 비인격적인 말로 인하여 자살하는 일까지 생깁니다. 따라서 언어폭력도 물리적인 신체 폭력과 별 차이를 두지 않습니다.

이 외에도 이혼 사유는 많습니다. 즉, 경제적인 무능이나 과도한

음주, 도박, 학력 위조, 불치병 같은 이유로 이혼을 할 수 있느냐는 것입니다. 이 경우는 성경적으로 명시되거나 직접적으로 표현하지 않아서 이혼 가능 여부를 판단하기 어렵습니다. 그러나 이러한 사실을 속이거나 숨기고 결혼하는 것은 잘못입니다. 사회의 실정법도 거짓으로 속이거나 위장해서 맺는 계약은 애당초 무효가 될 수 있습니다. 따라서 이런 사실을 숨기고 결혼했다면 원천적으로 무효가 될 수 있지 않을까 생각합니다. 이런 분야에 대해서도 신학자들의 활발한 논의가 필요하다고 봅니다.

하지만 이런 기본적인 상식을 지나칠 때도 그리스도인은 배우자를 회복시키고 변화시키기 위하여 많이 기도하고 노력해야 합니다. 성경은 이혼을 강조하지 않습니다. 예수님의 사랑, 긍휼, 희생정신을 배우자에게 실천하며 살아가는 것, 가장 가까운 이웃인 배우자를 용서하고 배려하고 사랑하는 것이 우선되어야 합니다.

06

아이를 갖기 위한 기도 방법

Q 저는 교회에 오래 출석하였고 열심히 봉사를 해왔습니다. 하지만 하나님은 아직 자녀를 허락하지 않으셨습니다. 항상 직장생활로 고단하고 몸도 약한 편입니다. 그래도 저는 작정기도를 하려 합니다. 응답받는 비결이나 기도 방법이 있을까요?

A 자매님, 그동안 마음고생이 얼마나 심하셨는지요? 남편도 기다리고 있을 것이고, 또 시댁에서도 무언의 압력이 있었을 것입니다. 기도 응답은 참 쉬우면서도 어려운 문제입니다. 저 또한 응답이 지연되거나 응답을 받지 못한 경우가 적지 않습니다. 그런데 어떻게 자매님에게 쉽게 정답을 드릴 수 있을까요? 이것이 솔직한 제 심정입니다.

그럼에도 기도하는 방법, 특히 응답받는 기도를 진정으로 원하시니 말씀을 드릴 수밖에 없습니다.

첫째, 하나님의 영광과 그분의 뜻에 맞게 구해야 합니다.

둘째, 이웃에게 유익이 되는 것을 기도해야 합니다.

셋째, 하나님의 말씀과 계명을 지켜야 합니다.

넷째, 욕심으로 구하지 않아야 합니다.

다섯째, 낙심 말고 꾸준히 기도해야 합니다.

어렵다고 느끼시겠지요? 실제로도 쉽지 않습니다. 처음부터 걸려서 넘어가지 못하니까요. 어떤 기도가 하나님의 뜻에 맞는지 분별하기는 쉽지 않습니다. 신앙이 자라고 성숙해지면 자연적으로 알게 되니까요. 단순하고 정직한 기도에 하나님이 응답하는 경우도 있습니다. 주로 사람을 통하여 기도에 응답하신다는 것을 기억하는 것이 좋습니다. 기도할 때는 다음을 명심하십시오.

첫째, 금식 기도는 하지 마십시오. 자매님의 건강 상태가 좋지 않으니 권장하지 않습니다. 부득불 한다면 하루에 한 끼 정도가 적당합니다.

둘째, 특별한 의미는 아니지만 100일 정도 날짜를 정하고 매일 아침에 기도하십시오. 새벽 기도회도 한 방편이 됩니다. 집과 가까운 교회로 가기를 바랍니다.

셋째, 예언 기도를 받거나 용하다는 점집 또는 철학관은 가지 마십시오.

넷째, 〈창세기〉 1장 28절에 기초하여 하나님이 우리에게 "생육하고 번성하고 땅에 충만하라"고 하셨던 말씀을 하나님께 하시고 그 언약을 이루어달라는 언약적인 기도를 하십시오. 신실하신 하나님을 믿고 의지하는 것이지요. 그리고 아브라함에게 약속하셨던 것을 이루어달라고 하세요(창세기12:2, 15:5).

다섯째, 사무엘의 어머니 한나(사무엘상 1장)처럼 가능하다면 울면서 기도하십시오. 하나님은 눈물에 약하십니다. 평상시에도 화살기도(짧고 강한 기도)를 자주 하십시오.

주님이 왜 자녀를 허락하시지 않는지 그 이유는 모릅니다. 자녀는 하나님이 주시는 복입니다. 하나님이 허락하시지 않으면 자녀를 받을 수 없습니다. 이 일로 인하여 신앙에 금이 가거나 상처를 받아서는 안 됩니다. 신실하신 하나님을 의지하고 인간이 할 수 있는 최대한의 일을 하는 것이 신자의 의무라고 봅니다. 용기를 내십시오. 곧 기쁜 소식이 있기를 기도합니다.

목사님 궁금합니다

07

장애가 있는 배 속의 아이를 유산했습니다

Q 저는 얼마 전 배 속의 건강하지 못한 아이를 유산했습니다. 우선 저는 아이를 버렸다는 죄책감에 시달립니다. 얼마나 학수고대하며 기다린 아이인데 엄마로서 보호하지 못했다는 자괴감이 큽니다. 하나님이 원망스럽습니다. 다른 사람들은 건강한 아이를 척척 잘도 낳는데, 왜 나에게는 이런 고통을 주신 것이지요?

A 하나님이 원망스러울 것입니다. 무슨 죄가 많아 이리 큰 시련을 주시느냐고 한탄할 수도 있겠지요. 그렇습니다. 사실 저도 모릅니다. 왜 이런 고통을 자매님께 주시는지 목사인 저도 모릅니다.

다만 분명한 것은 있습니다. 하나님도 자신의 하나밖에 없는 아들 예수를 더럽고 죄 많은 세상에 일부러 보내셨다는 것입니다. 그것도 지지리도 가난한 목수인 요셉의 집안으로 보냈다는 사실입니다. 그리고 30년간 가난하고 궁핍한 삶을 살게 하셨습니다. 하나님은 예수를 로마의 부유한 가정이나 장군의 아들로 태어나게 하지 않으셨습니다. 예수님이 좋은 가문에 태어나셨으면 십자가의 길을 걸어가는데 지장이 되었을까요? 인류를 구원하는 데 무슨 장애가 되겠느냐는 말입니다. 하다못해 불교의 석가모니도 왕자로 태어나 호의호식하며 어린 시절을 보냈습니다. 그런데 예수님은 왜 그런 삶을 살면 안 됩니까? 또한 이슬람교 창시자였던 무함마드는 어렸을 때 불의한 삶을 살았지만 부자 과부를 만나 말년에 부유하고 행복하게 살았습니다. 그런데 왜 예수님은 안 됩니까? 정말 너무한 하나님이십니다.

하나님은 예수를 가난하고 무식한 부모 밑에서 태어나게 하시고 자라게 하셨습니다. 또한 자신의 아들인 예수가 십자가에서 죽어가며 살려달라고, 왜 나를 버리시느냐고 절규해도 하나님은 외면하셨습니다. 그리고 못 본 체하셨습니다. 어찌 보면 나쁜 아버지 같습니다. 죽어가는 아들을 보면서 등을 돌린 것입니다.

자매님! 이해가 가시는지요? 어쩌면 하나님도 자신의 외아들인 예수의 죽음을 허락하셨습니다. 천군 천사를 동원하여 로마 군대를 무찌르고 아들 예수를 살려줄 수 있었지만 그리하시지 않았습니다.

자매님께도 마찬가지로 그리하셨던 것 같습니다. 비장애인도 살기 힘든 이 한국 사회에서 장애인으로는 더욱 살기 힘들기 때문에 하나님이 그리하신 것은 아닐까요? 만약 자매님이 미국이나 유럽 같은 선진국에서 이런 상황에 처했다면 과감히 출산했으리라고 저는 확신합니다. 어쩌면 저라도 자매님 같은 결정을 내렸으리라고 생각합니다.

또 자신이 한 행동이 한없이 원망스러울 것입니다. 그래서 교회에 나가지도 못하고 나간다고 해도 하나님을 볼 낯이 없을 것입니다. 이해합니다. 자매님의 마음이 너무 여리고 착해서 그렇습니다. 만약 아이가 장애로 태어나서 이 험난한 세상을 살아갈 때 "엄마, 왜 나를 낳아서 이렇게 힘들게 해? 차라리 죽는 게 낫잖아!"라고 말한다면 자매님은 뭐라고 대답을 하시겠습니까?

가끔 장애인 자녀를 둔 엄마가 결국 자기 손으로 자식을 죽이고 자신도 목숨을 끊는 안타까운 현실을 봅니다. 저는 그 엄마를 정죄하지 못합니다. 그 엄마의 찢어지는 가슴에 누가 감히 돌을 던지겠습니까? 도리어 하나님을 바라보면서 가슴만 칩니다. 현 사회를 바라보며 한숨을 쉽니다.

저도 기독교의 교리를 압니다. 그러나 하나님은 그 교리 위에 계신 분입니다. 누가 감히 그 가여운 엄마에게 나쁜 엄마라고 손가락질하고 돌을 던질 수 있겠습니까? 예수님도 간음하다 붙잡힌 여인, 현장에서 돌로 맞아 죽을 뻔한 여인을 용서해주셨습니다. 예수님은 자신을 세 번씩이나 욕하며 저주하였던 수제자 베드로를 용서했습니다. 심지어 자신을 십자가에 못 박은 로마 병사들, 유대인들, 강도들까지도 용서했습니다.

자매님도 주님이 용서하십니다. 지금 그 아픔을 가지고 주님의 십자가 앞에 나아가기를 바랍니다. 하나님이 기다리고 계십니다. 그분 앞에서 마음껏 우십시오. 그분도 함께 울고 계신다는 것을 경험할 것입니다.

자매님! 피지 못한 꽃 한 송이가 천국에서 웃고 있는 게 보이시나요? 하나님의 품 안에서 자고 있는 그 아이가 보이시나요? 그 예쁜 봉오리는 영원히 하나님과 함께 살 것입니다. 그리고 엄마를 기다리고 있습니다. "엄마 천국에서 만나요!" 하고 말입니다. 예, 그렇습니다. 그곳에서 만나기를 바랍니다. 그러기 위해서는 자리에서 일어나야 합니다. 언제까지 주저앉아 있을 건가요? 씩씩하게 살아야 합니다. 신실하게 예수님을 믿어야 합니다. 믿지 않으면 그 아이를 만나지 못합니다.

대신 아프리카나 제3세계의 어려운 어린아이들을 내 아들, 딸로 삼기를 바랍니다. 그리고 정기적으로 물질과 기도로 후원해주십시오. 예를 들어 '월드비전', '세이브 더 칠드런' 같은 구호 단체들이 있습니다. 이런 구제는 구약의 속건제(레위기 5장, 배상개념)와 비슷한 개념으로 하는 것입니다. 속건제는 우리가 영적으로 지켜야 할 중요한 것입니다. 그렇게 하면 천국에 있는 아이가 엄마를 보고 방긋 웃지 않을까요?

남편도 위로해주십시오. 사랑하는 아내가 겪는 아픔을 바라보며 몹시 괴로울 것입니다. 남자란 대개 말은 잘 안 해도 속으로 우는 법입니다. 남편도 얼마나 힘들까요? 친정 부모님, 시댁 부모님도 몹시 속이 탈 것입니다. 특히 친정엄마의 마음은 말로 다 표현하지 못할 것입니다. 그분들을 위해서라도 이제는 일어나셔야 합니다.

힘을 내십시오, 하나님은 자매님을 용서하십니다. 그분 앞으로 나아오십시오. 그분께 안기십시오. 주님은 자매님을 영원히 떠나지 않는다고 약속하셨습니다(마태복음 28:20). 그리고 속건제의 의미로서 한 아이를 후원하기를 바랍니다. 그리고 그가 성장할 때까지 물심양면으로 도와주셨으면 합니다. 하나님은 비참한 환경에 처한 아이에게 용기와 희망을 불어넣는 복을 주시길 원하십니다. 그 아이가 마을을 살리고, 더 나아가 아프리카를 살리는 원동력이 될지 누가 알겠습니까?

앞으로 하나님은 자매님을 통해 무엇인가 큰일을 이루실 것입니다. 그것은 바로 자매님의 손에 달려 있습니다. 자매님의 손길을 기다리는 연약한 손길이 주위에 많습니다. 교회에서 유아나 초등학교 교사를 맡는 것을 하나님이 원하시는 것은 아닐까요? 결국 자매님 자신을 변화시키고 가정을 변하게 하며 하나님의 나라를 이루려는 하나님의 숨은 축복이 있지 않을까요?

08

기독교인은 제사 지내면 안 되나요?

Q 저는 장남인 남편과 시아버님을 모시고 있습니다. 제사 문제로 마음이 많이 불편합니다. 지금까지 제사는 어른들께 절하는 예절 풍습으로 생각했습니다. 그리고 조상들이 후손들에게 모일 수 있는 시간을 만들어준 것이라고 생각했습니다. 요즘같이 바쁜 세상에 제사가 있어서 형제와 사촌들 간에 서로 얼굴 보고 사는 것이라 생각하며 제사 준비를 합니다. 이런 생각이 잘못된 것일까요?

A 자매님의 마음을 충분히 이해합니다. 사실 제사를 통해 가까운 친척이 화목을 다지고 정을 나누는 측면에 대해서는 동감하는 바가 아주 큽니다. 제사가 없으면 그런 정마저 사라지는 것이 사실입니다. 저도 추모 예배를 드려보았지만 제사보다는 모이는 데 소홀한 것을 경험했습니다.

제사에 참석하더라도 죽은 조상이 길흉화복을 좌우한다고 믿거나, 실제로 조상의 혼이 와서 음식을 먹는다고 믿지만 않는다면 문제가 없습니다. 우리나라에서 제사하는 사람들은 대부분 제사의 의미를 잘 모르거나 습관적으로 지내는 경향이 있습니다. 아무리 제가 이런 위로의 말씀을 드려도 자매님의 마음에 흡족하지 않을 수 있습니다. 사람은 외모를 보지만 하나님은 중심을 보신다고 말씀하십니다(사무엘상 16:7). 다른 사람들, 아마도 같은 교인들에게 믿음 없는 사람으로 보일 수도 있을 것입니다. 그런 것에 개의치 마십시오. 조상을 우상으로 섬기는 것이 아니니까요.

도리어 우리의 우상은 재물, 돈, 자식, 건강, 육체 같은 것이 아닌가요? 타인의 사정을 모르면서 함부로 비난하는 것은 옳지 못합니다. 전후 사정을 들어보고 판단하여야 합니다. 만약 자매님이 제사에 참석하지 않는다면 식구들이 교회에 나가지 못하게 막을지도 모릅니다. 지금도 교회에 나갈 때마다 조마조마하지 않나요? 교회에 다녀와서도 남편과 시아버님의 눈치가 보이지 않나요? 반대로 교회 식구들에게 미안하다고 느끼지 않나요? 심지어 하나님께 죄스럽고 회개 기도만 하게 되지는 않나요? 교회에서는 제사를 금지하므로 마음의 상처가 깊어간다는 것도 압니다.

당당하게 사십시오. 기죽지 말고 살라는 것입니다. 대부분의 기독교인이 자매님이 제사에 참석하는것을 반대해도 실망하거나 기죽지 마십시오. 그럴 때마다 "하나님은 제 마음을 아시지요?" 하고 기도하시기 바랍니다. 내 마음의 중심이 중요합니다. 하나님은 자매님의 마음을 아십니다. 이게 정말로 중요합니다. 그럴 때 내 마음에 감사가 오고 감동이 밀려옵니다. 하나님은 제사를 아픔으로 준비하고 지내는 자매님의 마음 중심을 보시고 함께 아파하고 계실 것입니다.

자매님의 글을 읽으면서 문득 한 권의 책이 떠올랐습니다. 자신이 배교하지 않으면 교인들이 고문을 당하며 죽어갔던 16세기 일본의 천주교 고난을 잘 묘사한 엔토 슈사쿠 작가의 《침묵》이라는 실화 소설입니다.

일본 조정에서는 신부가 배교하면 살려주고 배교하지 않으면 교인들을 죽이는 매우 잔혹한 계획을 세웠습니다. 신부가 배교하지 않으면 교인들을 한 명씩 죽이기로 한 것입니다. 결국 어떤 주교는 고민하다가 예수님의 성화(聖畵)를 밟고 말았습니다. 그렇게 교인들의 생명을 구하고 자신은 배교를 한 것이지요.

이 소식이 로마 교황청에 전해지자 많은 사람이 충격을 받습니다. 그중에는 그 주교의 제자였던 신부도 있었습니다. 그는 매우 실망하면서도 주교가 배교한 이유를 알아보려고 일본에 잠입했고, 마침내 주교가 왜 배교하였는지 이유를 알게 됩니다. 그런데 자신도 스승과 동일한 상황에 놓이게 됩니다. 이때 신부는 예수님이 자신의 귀에 이렇게 말씀하시는 것을 들었다고 합니다.

"밟아라. 성화를 밟아라. 나는 너희에게 밟히기 위해서 존재한다. 밟는 너의 발이 아플 것이니, 그 아픔만으로 나는 충분하단다."

목사님 궁금합니다

실화에 입각한 소설 《침묵》은 생각이 많고 사려 깊은 성직자들에게 배교가 무엇이고, 혼합주의가 무엇인지에 대해 많은 질문을 던졌습니다.

만약 공산당이 쳐들어와서 제 가슴에 총을 겨누고 예수는 주님이 아니라고 고백하라고 한다면 기쁘게 순교의 길을 택할 수 있습니다. 그러나 제 자식이나 성도님들의 가슴에 총을 겨누면서 "김 목사, 네가 예수를 주님이라고 말한다면 한 명씩 죽이겠다. 대신 예수가 주님이 아니라고 말하면 살려주겠다"고 한다면 어떻게 할까요? 저도 쉽게 대답하지 못하고 크게 고민할 것입니다.

09

합격을 위한 기도도 들어주시나요?

Q 목사님, 저는 영재고 입학시험을 치른 중학교 3학년 생입니다. 지금은 2차 합격 발표 전입니다. 그런데 너무나 영재고에 합격하고 싶어서 떠벌리고 다닌 것을 회개하고 있습니다. 지금 3일째 기도하고 있는데, 어떻게 하는지 몰라서 두 손 모으고 눈 감고 기도하고 있습니다. 만약 제가 철야기도 때 무릎 꿇고 다리 저린 것을 참고 끝까지 기도하면 하나님이 제 소원을 들어주실까요? 지금은 합격이 제 삶의 이유일 정도로 큰 비중을 차지하고 있습니다. 제 소원이 영재고 합격입니다.

A 우선 중학교 3학년 학생이 이런 질문을 한 데 대해 고맙다는 말을 드립니다. 이런 질문은 반드시 필요합니다. 영재고에 진학할 수 있는 자질이 충분하다고 봅니다. 어떤 사물, 원리, 이치에 대하여 무조건 외우거나 믿으려 하지 않고 왜 그런가 생각하는 것이 중요합니다. 때로는 반대로, 거꾸로, 결합, 단순, 분해 등

여러 가지 방법으로 생각하고 고민하기를 바랍니다. 이를 통해 개선, 개발, 발명이 이루어지는 것입니다.

질문한 내용으로 들어갑니다. 우선 기도가 무엇인지부터 알아야 합니다. 불교, 유교, 도교, 이슬람교, 무속신앙 등 일반적인 종교의 기도는 자신이 원하는 것을 신(神)에게 빌어서 얻어냅니다. 즉, 진학, 진급, 건강, 돈, 재물, 명예, 사랑 같은 것을 얻기 위해 자신이 믿고 의지하는 신에게 비는 것입니다. 신을 내 마음대로 움직이고 싶어 합니다. 신을 통하여 내 소원을 이루고 싶어 합니다. 이를 위해 말이나 마음속으로 비는 것이 기도요 간구입니다.

기독교의 기도에도 이런 측면이 없지 않습니다. 물질, 건강, 기타 삶에서 심각하게 부족한 부분은 하나님께 달라고 기도하는 동시에 본인도 노력을 해야 합니다. 하지만 다른 종교의 기도와는 근본적으로 다릅니다. 기독교의 기도는 내 마음대로 이루어지기를 바라는 것이 아니라 하나님의 뜻에 맡기는 것입니다. 하나님의 뜻에 맞으면 이루어지고 맞지 않으면 이루어지지 않습니다. 일반적으로 하나님의 뜻은 이웃을 사랑하고 배려하고 보살피는 것과 하나님을 사랑하고 하나님의 나라(의와 평화와 기쁨)가 이 땅에 널리 퍼지는 것을 의미합니다. 이런 기도는 하나님이 들어주십니다. 하지만 기도 응답의 때와 시기는 하나님만이 아십니다. 언제 이루어질지는 하나님만이 아실 뿐 목사도 장로도 권사도 모릅니다.

그러므로 학생이 3일을 꼬박 무릎 꿇고 기도한다고 해도 하나님이 응답하지 않을 수 있습니다. 물론 내가 잘못한 죄나 악에 대해 하나님께 고백하고 회개하며 예수님의 이름으로 기도한다면 당연히 용서해주십니다. 그러나 내 욕심이나 위험한 것은 하나님이 들어주시지 않습니다.

예를 들어 열심히 공부하지 않고 기도만 하면 시험에 합격하거나 좋은 성적을 얻기 어렵습니다. 어린아이가 엄마에게 식칼을 달라고 졸라도 엄마는 위험한 식칼을 주지 않습니다. 대신에 장난감 칼을 사주거나 안 된다고 거절할 것입니다. 마찬가지로 내게 필요 없거나 위험하다고 하나님이 판단하면 아무리 기도해도, 심지어 밥을 먹지 않고 10일간 무릎 꿇고 기도해도 들어주시지 않습니다. 그래서 기도는 내 욕심이 아니라 하나님의 뜻에 맞는 기도가 되어야 합니다. 또한 하나님과 이웃을 사랑하는 기도가 되어야 합니다.

앞으로 열심히 공부하고 노력하되 나 혼자만 잘 먹고 잘사는 사람이 되지는 마십시오. 하나님을 인격적으로 만나고 예수님을 나의 구원자요 주님으로 모시길 바랍니다. 영재고 합격 여부를 떠나 지금부터 불쌍하고 소외된 어려운 사람들을 도와주고 배려하는 사람이 되어야 합니다. 유명한 사람보다는 훌륭한 사람이 되는 것을 장차 목표로 삼으십시오. 그것이 하나님이 바라시는 일입니다. 물론 유명하면서 훌륭한 사람이면 금상첨화겠지요.

인격도 갈고닦아야 합니다. 아무리 실력 있고 유능해도 인격이 부족하거나 결핍되면 동물적인 삶을 살게 됩니다. 성경과 함께 좋은 신앙 서적도 읽고 인문학 서적도 멀리하지 말아야 합니다. 이제부터 큰 꿈과 비전을 가지십시오. 정치, 경제, 문화, 과학 등 여러 분야에서 인류의 평안과 기쁨, 평화, 자유를 증진하는 데 큰 공헌을 할 수 있게 준비하십시오. 하나님 아버지를 기쁘시게 하고 영광을 돌리는 데 인생의 목표를 두었으면 합니다.

마지막으로 영재고에 합격한 것을 우연으로 여기거나 내가 잘해서 합격했다고 교만하지 않기를 바랍니다. 적지 않은 사람들이 그런 길을 가다가 결국 멸망의 길로 빠지는 것을 자주 보았으니까요.

10

주일에 대학교 MT에 가도 되나요?

Q 대학 입학 후 신앙생활에서 주의해야 할 사항이 있을까요? 어떤 마음가짐으로 대학 생활을 해야 하나요? MT나 OT를 주로 주말과 주일에 가기 때문에 교회에 가지 못할 것으로 보입니다. 이럴 때는 어떻게 하면 되나요? 궁금합니다.

A 매우 중요한 질문입니다. 아주 오래전, 그러고 보니 40년도 더 되었군요. 문득 옛날의 제 모습이 떠오릅니다. 여름방학 기간에 학교에서 고 3을 위한 집중 수업을 했습니다. 하지만 저는 참석하지 않고 철원에 있는 대한수도원으로 3박 4일 집회를 갔습니다. 남들은 공부하지 않고 기도원에 가는 것이 어리석다고 비아냥거렸습니다. 그때 성령의 은사인 방언을 경험했습니다. 아주 귀중한 체험을 한 것이지요.

대학교에서는 대개 주말에 멤버십 트레이닝(membership training)이나 오리엔테이션(orientation)을 실시하는 경향이 있습니다. 그래서 기독교인 대학생들이 교회 예배에 참석하지 못하는 경우가 많습니다. 또 선배들이 행사하며 술을 많이 먹이는 바람에 숙취로 고생하는 경우도 있고요. 우선 기억하여야 할 점은, 주일날에는 예배를 드리는 것이 가장 바람직합니다. 그러지 못할 경우에는 혼자 예배(성경을 읽고 기도함)하거나 TV 방송 또는 인터넷 방송을 보면서 예배할 수 있습니다. 그것도 여의치 않을 때는 마음가짐이 중요합니다. 정해진 곳에서 예배를 기억하며 경건하게 하루를 지내는 것이 좋습니다. 예배의 중요성을 인식하는 것이지요.

로마 가톨릭(천주교)은 신부가 참석하지 않은 곳에서 드리는 미사를 인정하지 않습니다. 따라서 혼자 드리는 예배는 있을 수 없습니다. 그러나 우리가 믿는 기독교(개신교)는 그런 구약에 치우친 교리를 따르지 않습니다. 심지어 예배당에 있어도 마음이 세상의 염려와 걱정으로 가득 차 있거나 다른 생각을 한다면 그 예배는 실패입니다. 반대로 예배당에서 드리는 예배는 아니지만 혼자 기도하고 성경 말씀을 읽을 수 있습니다. 이때 하나님의 인도와 사랑에 감사드리며 기뻐하는 시간이 20여 분쯤이라도 이어진다면 하나님이 받으시는 예배가 될 것입니다. 이런 개인적 예배도 있다는 것을 인식해야 합니다.

예를 들면 교회당이 없는 북한, 공산주의 치하나 중동 지방과 같은 이슬람 지역에서는 숨어서 예배를 드리곤 합니다. 더 나아가서 지금의 주일은 안식일이 아닙니다. 안식일은 이미 사라졌습니다.

안식일의 개념으로 주일을 지키는 것이 아니라는 말입니다. 그리스도인에게는 주일(일요일)만 중요한 것이 아니라 매일(월요일부터 토요일까지)이 주일이 되어야 합니다. 주일에 예배하는 마음으로 매일매일을 살아가는 것이 참그리스도인의 삶입니다. 다음의 〈로마서〉 말씀을 잘 읽어보고 묵상하기를 바랍니다.

"1. 형제자매 여러분, 그러므로 나는 하나님의 자비하심을 힘입어 여러분에게 권합니다. 여러분은 여러분의 몸을 하나님께서 기뻐하실 거룩한 산 제물로 드리십시오. 이것이 여러분이 드릴 합당한 예배입니다. 2. 여러분은 이 시대의 풍조를 본받지 말고, 마음을 새롭게 함으로 변화를 받아서, 하나님의 선하시고 기뻐하시고 완전하신 뜻이 무엇인지를 분별하도록 하십시오." (새번역 로마서 12:1~2)

학생으로서 배우는 동안 열심히 공부하기를 바랍니다. 대학에서는 타인에게 피해를 주는 과목을 가르치지 않습니다. 내가 공부하고 싶은 학문을 배워 다른 사람을 도와주고 나누어주는 것이 교육의 목표입니다. 즉, 공부의 목표는 홍익인간입니다. 많이 배워서 많은 사람을 유익하게 하는 것이지요. 기독교의 이웃 사랑과 일치하는 것이 많습니다. 비록 자신이 원하는 대학교에 입학하지 못했더라도 실망하지 마십시오. 도리어 대학에서의 공부가 고등학교 때보다 더 중요할 수 있습니다.

또한 주초 문제입니다. 특히 술 문제는 아주 지혜롭게 대처해야 합니다. 처음부터 술은 단 한 방울도 마시지 못한다고 거부하는 것이 좋습니다. 하지만 선배들이 아마도 반강제로 술을 마시게 할 것입니다. 그럴 때는 시늉만 하거나 버리길 바랍니다. 혹 마시게 되더라도 입술만 대거나 입에 머금었다가 버리는 것이지요. 그것도 여의치 않으면 최소한으로 줄여야 하지만 권하지 않습니다. 여기서 지면 4년 동안 그리스도인의 모습을 보이기 어렵습니다. 처음부터 기도하면서 술은 먹지 않겠다는 생각을 가져야 합니다. 이것은 한국 그리스도인만이 가지는 독특한 정체성의 문제입니다.

그러므로 술자리에 있는 태도가 불신자와는 달라야 합니다. 술을 먹지 않고 꿔다논 보릿자루마냥 시무룩하게 앉아 있으라는 말이 아닙니다. 먹을 것도 날라주고 치워주는 등 봉사를 하는 것입니다. 시간이 지나다 보면 술에 취한 학생들이 나옵니다. 토하는 학생도 나오고 비틀거리는 학생들이 속출합니다. 이때 술에 취한 학생들을 도와주고 배려해야 합니다. 이해하시겠지요? 그리고 멋진 노래나 장기자랑을 준비해서 함께 놀아주십시오. 또 술자리가 끝나면 대부분 하기 싫어하는 뒷정리를 나서서 하십시오. 이런 것을 하면 술을 먹지 않는다고 해도 선배나 동기들이 이해할 것입니다.

한편, 대학교에 진학하면 이단에 유혹되지 않게 매우 주의해야 합니다. 교회 밖으로 나가지 않는 것이 중요합니다. 가급적 위험한 선교단체에도 가입하지 마십시오. 신앙이 균형적으로 성장하기가 어렵기 때문입니다. 만일 선교단체에 가입하고 싶다면 담임목사님과 상의해 결정하기 바랍니다.

마지막으로 공부도 특기도 열심히 살려야 합니다. 간혹 선교에 치중해 학교를 중도 하차하거나 휴학하면서 단기 선교나 장기 선교를 가는 학생들이 있습니다. 이것은 매우 편협하게 성경을 해석한 결과로 발생하는 현상입니다. 그리스도인에게는 선교나 전도 같은 특별 은혜를 전하고 나누는 것도 중요하지만 일반 은혜인 이웃을 위한 구제, 봉사, 교육도 중요하기 때문입니다.

열심히 공부하고 자신이 지닌 특기와 자질을 위해 노력하고 연마해야 합니다. 사회에서 영향력을 발휘할 수 있는 위치에 서는 것도 필요하기 때문입니다. 이름 없는 곳에서 묵묵히 자신과 가족의 구원 및 이웃 섬김을 위해 힘쓰는 것도 중요합니다. 또한 권위를 갖고 존경을 받으면서 더 많은 사람을 변화시킬 수 있는 특별한 자리도 있습니다. 예를 들어 의사, 공직자, 판검사, 교직원, 예술인, 체육인 등 선한 영향력을 발휘할 수 있는 직업이 많습니다.

한국의 미래, 아니 세계의 미래가 여러분에게 달려 있습니다. 하나님은 대부분 사람을 통하여 하나님이 창조하신 역사를 이루어가십니다.

청년들이여! 예수 그리스도 안에서 큰 야망을 가지십시오(Boys! Be ambitious in Jesus Christ).

11

사람의 계획과 하나님의 뜻

Q 저는 대학교 졸업을 앞두고 대학원 진학과 취업을 두고 고민 중입니다. 미래를 생각하면 대학원에 진학하고 싶은데, 당장 취업을 하지 못하면 경제적 어려움에 빠질까 봐 걱정입니다. 대학원 진학과 취업 중 어느 것을 준비해야 할까요? 그리고 하나님의 뜻은 무엇일까요?

A 인생을 산다는 것은 험난하고 어렵습니다. 매일 많은 사건과 문제를 만나기도 합니다. 이 길로 가야 할지, 저 길로 가야 할지 걱정도 되고 고민도 합니다. 고민이 너무 깊어 뜬눈으로 밤을 새우고 아침을 맞이합니다.

이럴 때 어떻게 하면 좋을까요? 가장 옳지 못한 경우는 무속인이나 철학관을 찾아가는 것입니다. 정확한 통계는 없지만 약 30% 정도의 기독교인이 그런 운세에 자신의 결정을 맡긴다고 합니다. 이런 교인들은 무속인의 하수인이 되고 맙니다. 이른바 믿음이 있다는 성도들도 영험하기로 소문난 기도원 원장님, 목사님이나 권사님을 찾

생활 상담

167

아갑니다. 그곳에서 예언 기도를 받고 그대로 따릅니다. 하지만 이런 모습은 기독교인의 올바른 모습이 아닙니다. 이렇게 하면 평생 어린 아이의 신앙을 벗어나지 못합니다. 앞에서 말한 극단적 방법을 제외하면 우리는 대개 다음 방법으로 삶의 중요한 문제를 결정합니다.

1) 내가 계획하고 노력하면서 하나님께 기도하지 않는다.

2) 내가 준비하고 노력하면서 하나님께 기도한다.

3) 내가 준비하고 계획하지도 않으면서 하나님께 기도한다.

4) 내가 계획하거나 노력하지도 않고 하나님께 기도도 하지 않는다.

여러분은 어느 유형에 속하나요? 가장 피해야 할 것이 4)번입니다. 본인이 해야 할 노력도 기도도 하지 않는 게으르고 신앙이 부족한 사람입니다. 가장 이상적인 유형은 2)번입니다. 본인의 계획대로 노력하면서 하나님께 기도하고 그 길이 하나님과 교회, 사회에 덕이 되고 유익이 된다면 실행에 옮깁니다. 크게 고민하거나 생각이 흔들리지 않습니다. 설사 결과가 좋지 않아도 후회하지 않습니다. 이러한 과정에도 하나님의 섭리가 작용했다고 믿기 때문입니다.

어떤 이들은 인간의 생각과 계획은 불완전하다고 믿어 3)번을 선택합니다. 그들은 하나님이 사람에게 주신 지혜, 지식, 판단, 결정 능력을 부인하거나 무시한 채 그저 기도만 합니다. 하나님이 꿈, 음성, 비몽사몽을 통해 말씀을 주시거나 인도하신다고 믿습니다. 그

목사님 궁금합니다

러다 보니 성경 구절도 그 시대의 배경과 환경을 무시한 채 멋대로 해석하고 적용합니다. 주구장창 기도에만 매달리다가 좋지 않은 결과가 나오면 기도가 부족했다고 말합니다. 이런 분들은 기도 만능주의에 매달리게 됩니다(마태복음 21:22). 주 안에서 믿고 기도하면 모든 것을 다 할 수 있다고 믿으며 어리석은 길을 가게 됩니다(빌립보서 4:13).

그렇다고 기도 무용론을 주장하는 것은 아닙니다. 기도는 우리의 호흡이요 하나님과의 대화이기 때문입니다. 기도는 나의 일을 이루어가는 것이 아닙니다. 도리어 하나님의 일과 사업이 이루어지길 바라는 것이며, 하나님이 싫어하는 것을 포기하는 작업입니다. 그렇다고 먹고살기 어려운 분들까지 기도하지 말라는 것은 아닙니다. 그런 분들은 당연히 구해야 합니다(마태복음 6:11).

하나님의 역사와 섭리를 믿는 그리스도인은 사람을 통해서 하나님이 일하시는 것을 믿습니다. 하나님은 우리의 생각과 계획대로 노력해서 얻는 과정과 결과에 참여하고 관여하는 방법으로 인도하신다고 믿습니다. 우리는 "계획이 있어야 목표를 달성한다. 전쟁은 전략을 세워놓고 하라"(우리말성경 잠언 20:18)는 말씀대로 살아갑니다. 하나님은 당신의 일을 이루어가는 데 믿음이 있는 사람들이 결정하는 것을 막지 않으십니다. 비록 그것이 인간적인 생각, 판단, 결정이라고 할지라도 성경적인 판단과 결정이라면 하나님이 그 길을 인도하신다고 믿습니다.

그리스도인은 "내 마음으로 계획하고 결정했지만 그 결과에는 하나님의 뜻이 담겨 있다"고 믿는 것입니다(잠언 16:9). 그리스도인은 불신자처럼 "잘되면 제 탓, 못되면 조상 탓"으로 여기면 안 됩니다. 잘된 것은 내가 잘한 것이고, 잘못되면 조상에게 잘못을 전가하면 안 됩니다. 신실한 그리스도인은 "잘되면 하나님 탓, 못되면 내 탓"으로 여기는 사람이 되어야 합니다.

하나님은 우리를 인도하실 때 나 자신에게만 길을 알려주시는 것이 아니라 내 가족과 지인들을 통해서 알려주시기도 합니다. 그런 사람들이 성경적인 지혜와 원리로 무장되어 있다면 금상첨화입니다. 우리는 다른 사람들의 의견에도 귀를 기울여야 합니다. 하나님이 그 사람들을 통해 말씀하시면 이를 놓치지 않는 감각이 있어야 합니다. 다른 사람들의 의견을 들어도 좋고 책, 신문, 잡지, 인터넷 같은 것에서 정보를 얻을 수도 있습니다. 평소 존경하는 사람이나 내 처지와 환경을 잘 아는 사람에게 상담을 받을 수도 있습니다. 그러니 하나님이 개입하시고 참견해주시기를 기도해야 합니다. 가장 좋은 것은 하나님께 맡기고 실천에 옮기는 것입니다. 결과가 어떻게 나오든 하나님이 개입하셨다고 믿는 것입니다.

따라서 어떤 일을 하거나 어떤 길을 걸어가도 괜찮습니다. 주님이 인도하시니까요. 더 급하고 시간이 없다면 하나님 사랑과 이웃 사랑이라는 전제 하에 어느 것을 해도 괜찮습니다. 도덕과 윤리에 어긋나지 않고 가난하고 소외된 이들을 위한 길이라면 남이 가지

목사님 궁금합니다

않는 좁은 길을 과감히 걸어가는 것입니다.

우리가 살아가면서 어떤 길을 걸어가야 할지 염려되고 걱정될 때는 다음의 〈잠언〉 말씀이 도움이 될 것입니다.

"마음의 경영(계획)은 사람에게 있어도 말의 응답은(결정은) 여호와께로부터 나오느니라" (잠언 16:1)

"너의 행사(모든 일)를 여호와께 맡기라 그리하면 네가 경영(계획)하는 것이 이루어지리라" (잠언 16:3)

"사람이 마음으로 자기의 길을 계획할지라도 그의 걸음을 인도하시는 이는 여호와시니라" (잠언 16:9)

"제비는 사람이 뽑으나 모든 일을 작정하기는 여호와께 있느니라" (잠언 16:33)

"사람의 마음에는 많은 계획이 있어도 오직 여호와의 뜻만이 완전히 서리라" (잠언 19:21)

"사람의 걸음은 여호와로 말미암나니 사람이 어찌 자기의 길을 알 수 있으랴" (잠언 20:24)

"경영(계획)은 의논함으로 성취하나니 지략(전략)을 베풀고 전쟁할지니라" (잠언 20:18)

"싸울 날을 위하여 마병을 예비하거니와 이김은 여호와께 있느니라" (잠언 21:31)

"너는 전략으로 싸우라 승리는 지략(조언자)이 많음에 있느니라" (잠언 24:6)

Chapter 04

헌금 상담

헌금은 꼭 해야 하나요?

Q 저는 경제적으로 어렵게 살아왔습니다. 그래서 지금
도 헌금을 하는 것이 부담스럽습니다. 간혹 헌금을 해
도 금액이 너무 적어서 하나님이 실망하실까 두렵습니다. 헌
금은 꼭 해야 하나요?

A 헌금의 기본 정신은 모든 것이 하나님에게서 왔고(시편
24:1, 50:12), 모든 것이 하나님의 것이라는 인식에서 출발
합니다. 이것이 헌금의 기본 정신입니다. 내가 가진 생명, 자식, 명
예, 물질, 돈 등 모든 것이 주님의 것이요, 하나님의 주권 안에 있다
는 의미입니다.

개혁교회의 기본적인 신학이 하나님의 주권입니다. 하나님의 주
권은 칼뱅주의(TULIP)의 핵심 중 하나고 칼뱅이 주장한 신학의 근본
입니다. 하나님이 모든 것의 주인이라는 의식이 무너지면 청지기
정신이 무너집니다. 이로 인해 예수를 나의 주님(주인)으로 모실 수
없게 됩니다. 청지기는 재산이 없습니다. 모든 것이 주인의 것입니

다. 단지 청지기는 주인의 것을 잠시 빌려서 사용하다가 주인이 달라고 하면 반납해야 합니다. 이것이 청지기 정신입니다.

문제는 우리가 예수님을 우리의 주인으로 인정하지 않고 내가 주인이 되려고 하는 데 있습니다. 말로는 "주님~ 주님~" 하면서 자신이 주인이 되며 예수님을 자신의 욕망을 이루기 위한 수단으로 보는 것입니다.

또한 헌금의 기본은 감사와 기쁨으로 드리는 것입니다. 하나님은 헌금을 즐겁고 기쁘게 바치는 사람을 사랑하십니다(고린도후서 9:7). 마음에 결정한 대로 하는 것이지 마지못해 억지로 헌금해서는 안 됩니다. 헌금은 나를 드리는 것입니다. 아니, 나의 몸을 드릴 수 없기에 하나님 다음으로 중요한 것인 물질을 드린다는 의미입니다. 그래서 헌금을 영어로는 제사(offering)라고 표현합니다. 영어 단어가 헌금의 의미를 잘 표현하고 있습니다. 오퍼링(offering)이라는 단어는 구약시대의 5대 제사에도 동일하게 사용됩니다. 즉, 헌금은 제사라는 것입니다. 헌금은 내가 가진 것을 아낌없이 기쁨으로 바치는 것입니다.

무엇인가를 기대하고 바치는 것은 옳은 헌금이 아닙니다. 하나님이 복을 주시면 받는 것이고 주시지 않으면 받지 못하는 것입니다. 복의 개념은 구약과 신약에 따라 조금 다르게 나타납니다. 그러나 분명한 것은 하나님의 말씀에 순종하면 복을 받고, 불순종하면 복을 받지 못한다는 것입니다. 그럼에도 의인이라고 평가받았던 욥도 엄청난 고난을 경험했습니다. 사도 바울도 베드로도 모두 순교했습니다. 현대인이 생각하는 복과 성경에서 말하는 복의 개념이 다를 수도 있습니다.

자식이 재산을 노리고 아버지께 선물과 용돈을 드린다면 이것을 기쁘게 받을 아버지는 없을 것입니다. 만약 헌금을 낼 형편이 못 된다면 눈물을 바치십시오. 눈물도 없다면 간절하고 안타까운 마음을 바치십시오. 하나님 아버지가 그 마음과 중심을 보시고 복을 주실 것입니다. 우리 주님은 과부가 바친 두 렙돈(현재 시가 약 1,000원)을 귀하게 보셨던 분입니다. 이런 헌금을 드리기를 소망합니다.

명절이 되면 부모님 집에 모든 자녀가 모여 온갖 선물과 용돈을 드립니다. 그런데 가난한 막내아들은 동네 정육점에서 산 쇠고기 두 근을 드리며 부모님께 죄송한 마음을 가집니다. 그 쇠고기를 받는 부모의 마음을 생각해보십시오. 부모님은 눈시울이 붉어져 다른 자녀들 몰래 막내의 주머니에 용돈을 슬며시 넣어줄 것입니다. 이것이 우리 하나님 아버지의 마음입니다.

헌금을 하나님이 아닌 교회나 목회자에게 바친다고 생각하지 마십시오. 이런 것은 올바른 헌금의 정신이 아닙니다. 많은 사람이 목회자에게 잘 보이려고 헌금을 내기도 합니다. 아니면 자신을 자랑하거나 장로나 권사 직분을 받으려는 목적으로 헌금을 하기도 합니다. 이는 모두 잘못된 것이며, 하나님이 기뻐하시지 않습니다.

02

교회는 왜 헌금을 걷나요?

Q 교회의 헌금 제도는 왜 있는 것이지요? 전지전능한
하나님도 돈이 필요한가요? 아니면 그런 하나님을 앞
세워 돈을 얻고자 하는 기독교인들의 문제인가요?

A 교회 헌금 제도의 원칙은 제사장들이 먹고살기에 부족함
이 없게 하는 것입니다. 제사장이었던 레위족속은 땅이
없었습니다. 그래서 하나님은 다른 족속들이 레위족속에게 십일조
를 바치도록 명령하셨습니다. 하나님은 모든 것을 다 가진 분이므
로 물질과 돈이 필요 없습니다. 단지 인간들의 죄를 용서하기 위한
동물의 제사를 원하셨습니다. 소나 양 같은 제물의 경우 넓적다리
나 기름을 떼어서 제사장들에게 식량으로 주었습니다. 왜냐하면 하
나님은 제사장들에게는 농사지을 땅을 주지 않았기 때문입니다. 이
것이 헌금의 시초입니다.

하나님은 병든 동물을 제물로 바치지 못하게 했습니다. 또한 마
음의 회개 없이 바치는 제물에 대해선 도리어 책망하셨습니다. 하

나님은 우리들이 죄를 인식하고 마음 아파하면서 드리는 제물을 원하셨음을 잊지 말아야 합니다. 이것이 헌금의 정신입니다. 하나님은 돈이나 재물을 원하시는 것이 아니라 죄로 인해 아프고 상처받은 마음을 받기 원하십니다.

신약인 예수님 시대에 와서도 마찬가지입니다. 헌금은 기쁨과 감사로 드려야 하며, 이것이 결핍된 헌금은 하나님이 받지 않으십니다. 물론 돈은 사람들이 사용하는 것이지요. 하나님이 돈을 만들어서 교회에 주시지는 않습니다. 하나님과 사람의 정상적인 관계가 이루어지지 않기 때문입니다. 그것은 제사가 아닙니다. 하나님이 주신 것을 다시 그대로 바치는 것도 참된 제물이 아닙니다. 인간이 피와 땀과 눈물로 어렵게 수확한 물건이나 제물을 드려야 가치 있는 게 아닐까요?

기쁨 없이 억지로 바치는 돈은 교회에 내지 말아야 합니다. 이것이 성경의 가르침인데, 일부 목사님들이 돈을 탐내는 것을 봅니다. 이는 잘못된 것이고, 하나님의 준엄한 심판이 그들에게 내려질 것입니다.

기독교는 인격적인 종교입니다. 아버지인 하나님과 아들인 기독교인이 부자지간으로 맺어지는 종교입니다. 이것은 타종교에는 없는 특수한 현상이며, 영적으로 거듭난 기독교인만 느끼는 것이지요. 돈이 없다면 헌금을 바치지 않아도 됩니다. 억지로 내는 것은 무의미합니다. 돈을 더 많이 벌려고, 병이 나으려고 헌금을 한다면 그것도 다 가짜입니다. 사기라는 것이지요. 그것은 기독교의 헌금 정신이 아닙니다.

마지막으로, 모든 종교 모임은 최소한의 건물과 종사자들을 위한 유지 비용을 필요로 합니다. 사회에서도 어떤 모임이나 단체를 유지, 관리하려면 돈이나 회비를 납부하여야 합니다. 헌금에는 그런 측면도 있는 것이지요.

03

십일조를 내지 않는 것은
하나님의 것을 도둑질하는 것인가요?

Q 목사님이 설교 중에 십일조를 내지 않는 것은 하나님
의 것을 도둑질하는 것이라고 말씀하셨습니다. 십일
조로 낸 돈은 교회와 목사님이 사용하는 것이 아닌가요? 어떻
게 하나님의 것이 되는 건가요?

A 일반적으로 십일조에 대한 가르침은 구약에서 출발합니
다. 십일조는 소득의 10%를 하나님께 바치는 것입니다.
구약에서 십일조는 학자에 따라 소득의 10%(레위기 27:30), 20%(민수기
18:26), 23%(신명기 14:28)의 세 가지 의견으로 나눌 수 있습니다. 이 중
가장 많은 지지를 받는 학설이 10%입니다. 신약에서는 십일조가 사
라졌다고 주장하는 학자들도 있습니다. 그러나 예수님도 십일조를
언급하셨고(마태복음 23:23 / 누가복음 11:42), 바리새인들이 십일조를 하였
으므로 십일조가 존재한 것은 분명합니다(누가복음18:12).
　저도 십일조를 낼 만큼의 믿음이 부족했습니다. 교회의 재정 사
용에 대한 불신으로 십일조를 하지 않았던 적도 있습니다. 그렇게

마음이 불편한 상태로 신앙생활을 하던 중 빌 하이벨스 목사님의 책을 읽다가 크게 깨달은 바가 있습니다. 빌 목사님은 "주님의 말씀대로 살고자 하는 사람은 십일조를 내지 않는 사람이 없다"고 했습니다. 또한 "십일조를 해서 복을 못 받았다고 말하는 사람들을 10년의 목회기간 동안 한 번도 보지 못했다"고 했습니다. 저는 그 말씀에 감명을 받았습니다. 그분의 말씀대로 십일조를 통해 복을 받을지 못 받을지 알 수 없지만, 참그리스도인은 반드시 십일조를 한다는 말에 스스로를 반성하게 되었습니다.

한편, 십일조 무용론을 주장하는 분들은 십일조가 신약에 명확히 나오지 않는다는 것을 강조합니다. 그래서 십일조를 하지 않는다는 것입니다. 로마 가톨릭도 구약에 있는 조항이 신약에 다시 나타나지 않으면 인정하지 않는 경향이 있습니다. 십일조에서 중요한 것은 정신입니다. 모든 것이 하나님께로부터 나왔고(시편 24:1, 50:12), 모든 것이 하나님의 것이라는 인식이 중요합니다.

십일조는 하나님께 드린 10%의 물질 없이도 살 수 있다는 각오이자 다짐이며 신앙고백입니다. 믿음이 허락한다면 구약에서와 같이 십의 이조(20%), 더 나아가서 십의 삼조(30%)도 드릴 수 있어야 합니다.

〈말라기〉 3장 10절을 인용해 온전한 십일조를 바치면 하나님이 창고에 넘치도록 복을 주시는지 살펴봐야 한다고 주장하는 목회자들도 있습니다. 그러나 성경의 주요 가르침은 "네 하나님을 시험하지 말라"입니다(신명기 6:16 / 시편 106:14 / 마태복음 4:7 / 누가복음 4:12 / 사도 행전 15:10). 그런데 왜 여기서만 유별나게 하나님을 시험하라고 했을까요? 우선 이 구절이 나오게 된 동기를 살펴봐야 합니다. 〈말라기〉가 기록된 시기는 B.C.430여 년으로 바벨론의 포로 생활에서 돌아온 지 어언 100년이 지났을 때입니다. 바사(페르시아)로부터 독립하지 못하였으므로 세금과 공물 및 자연재해로 인해 가난에서 벗어나지 못했습니다. 가난한 백성들이 먹고살 길이 어려운 가운데서도 하나님께 바칠 짐승을 가져온 것도 어찌 보면 대단한 일입니다.

〈말라기〉가 비판하고 있는 것은 제사장(지금의 목회자)들의 부패와 타락입니다. 제사장들 스스로 제사에 관한 율법도 어겼고 직무 태만을 저질렀습니다(말라기 1:6~29). 심지어 제사장들은 율법에 어긋나는 흠이 있는 동물마저도 제물로 허용했습니다. 그들이 이런 죄를 지은 이유는 제사를 자신과 식구들의 배를 불리는 방편으로 이용했기 때문입니다(말라기 1:7~8, 12~14). 제사장들은 흠이 있는 동물을 가져오지 말라고 돌려보내야 했습니다. 그런데 모범을 보여야 할 제사장들이 더러운 떡에 눈이 먼 나머지 백성들로부터 다리를 절거나 병든 짐승을 받아서 하나님께 바친 것입니다(말라기 1:7~8). 결국 백성들은 아무런 죄의식 없이 십일조도 바치지 않게 되었습니다(말라기 3:8).

오늘날에도 정직하고 깨끗하게 번 돈을 하나님께 드려야 합니다. 부정직하고 더럽게 번 돈이나 재물을 하나님께 드리지 말라는 것이 핵심입니다. 몇 달 전 S장로가 부정하게 번 돈을 교회에 헌금해서

목사님 궁금합니다

사회의 지탄을 받고 놀림거리가 된 적이 있었습니다. 자식이 도적질하거나 사기 친 것으로 용돈을 드리면 좋아할 부모는 없습니다. 다른 사람에게서 착취하거나 빼앗아서 돈 버는 자식을 환영할 부모도 없습니다.

하나님도 마찬가지입니다. 성경 전체로 볼 때 하나님의 복을 받는 것은 하나님의 주권적인 역사입니다. 복이란 하나님이 주시면 받고 주시지 않으면 받을 수 없습니다. 복의 개념도 구약의 복과 신약의 복이 다릅니다. 십일조를 한 번 내지 않아서 하나님께 벌을 받아 어려운 상황에 처했다거나 사업과 직장에 문제가 생겼다고 간증하는 이들이 많습니다.

정말 그럴까요? 우리를 위해 독생자 예수님도 내놓으신 하나님이 십일조 한 번 안 냈다고 벌을 주실까요? 모든 것을 갖고 계신 하나님이 십일조를 안 낸다고 몽둥이를 들고 종아리를 때리겠습니까? 아마도 십일조를 내지 못한 사정과 심정을 아시는 하나님이 더 마음 아파하시지 않을까요? 십일조에 대한 믿음이 없으면 헌금하지 마십시오. 그리고 깨끗하고 정직한 십일조를 드리십시오. 도적질하거나 부조리하게 번 돈은 드리지 말아야 합니다(신명기 23:18).

헌금의 기본 정신은 기쁨과 감사입니다. 더 나아가 기독교의 모든 활동, 즉 예배, 전도, 봉사, 교제 등은 기쁨과 감사로 하는 것입니다. 무엇을 기대하고 바라며 드리는 것은 옳은 헌금 정신이 아닙니다. 다시 말하지만, 자식이 재산을 노리고 선물과 용돈을 드린다면 이를 기뻐할 아버지는 없습니다. 십일조를 드릴 만한 믿음과 형편이 못 된다면 눈물을 드리십시오. 눈물도 없다면 간절하고 안타까운 마음을 드리시기 바랍니다.

목사님 궁금합니다

하나님은 헌금을 많이 내는 사람을 사랑하시나요?

Q 성경 구절 중 "각각 그 마음에 정한 대로 할 것이요 인
색함으로나 억지로 하지 말지니 하나님은 즐겨 내는
자를 사랑하시느니라"(고린도후서 9:7)는 말씀이 있잖아요. 정말
하나님은 헌금을 많이 내는 사람을 사랑하시나요?

A 이 구절도 교회에서 헌금을 설명할 때 오용되는 구절입니
다. 어떤 목사님들은 설교 시간에 이런 말씀을 하십니다.
"헌금할 때 짜게 내지 마시고 인색하게 내지 마세요. 하나님은 헌금
을 자주 내시는 분을 사랑하십니다." 그러면 착하고 무지한 신자들
은 '아멘'이라고 화답합니다. 저도 이런 설교를 많이 들으며 신앙생
활을 했습니다. 이것은 과연 성경적인 사실일까요? 우선 간단하게
우리말성경으로 읽어봅시다.

"각자 마음에 정한 대로 하되 아까워하거나 억지로 하지 마십시
오. 하나님께서는 기쁨으로 내는 사람을 사랑하십니다."

헌금 상담　　　　　　　　　　　　　　　　　　　　　**185**

성경은 명확히 말하고 있습니다. 하나님은 헌금을 기쁘게 내는 사람을 사랑하신다고 말입니다. (성경에서 이해되지 않거나 의심이 드는 말씀이 있으면 다른 번역 성경을 참고하는 것이 좋습니다.) 그럼 왜 같은 말씀이 다르게 받아들여지는 걸까요?

'즐겨'라는 단어를 '좋아하여 자주 내는 것'으로 잘못 해석했기 때문입니다. 어떤 목사님들은 이단들이 하듯 개역한글이나 개역개정 외 다른 번역 성경을 읽지 못하게 합니다. 새번역이나 우리말성경을 제외하더라도 영어 성경만 읽어도 이런 잘못을 범하지는 않을 것입니다.

모든 영어 성경에는 '치어풀(cheerful)'이라고 일률적으로 번역되어 있습니다. '즐겁게 또는 기쁘게'라는 뜻입니다. 쉽게 말해 '메리(merry)'라는 뜻이지요. 헬라어를 보아도 '힐라토스'로서 '매우 즐거운 또는 기뻐하는'이란 뜻으로 해석됩니다. 여기에 '자주'라는 의미는 없습니다. 결국 성경을 자의적으로 잘못 해석한 것입니다. 헌금의 기본 원칙은 기쁘고 즐겁게 감사하며 드리는 것입니다. 결단코 아까워하면서 억지로 바치거나 자주 드리는 것이 아닙니다. 성경 어디에도 강제나 억지로 헌금을 바치라는 구절이 없습니다. 물론 자주 바치라는 구절도 없습니다.

이스라엘 백성은 성막과 기구를 만들 때 자원하여 기쁨으로 많은 양의 헌물을 바쳤습니다. 이 광경을 본 모세는 헌물 중지 명령을 내렸으며, 백성도 더 이상 바치지 않았습니다(출애굽기 25:2, 35:29,

36:5~6). 성전 건축과 수리를 할 때도 자원하여 기쁘게 드리는 헌금의 원칙이 적용됩니다(열왕기하 12:4 / 역대상 28:21, 29:9, 29:17). 헌금뿐 아니라 교회 안에서의 봉사와 교제, 전도도 기쁜 마음으로 감사하며 하는 것입니다. 절대로 하기 싫은 것을 억지나 강제로 하는 것이 아닙니다. 기독교는 결코 강요하는 종교가 아니기 때문입니다.

05

헌금을 많이 할수록 더 많은 복을 받나요?

Q 헌금을 많이 할수록 더 많은 복을 받을 수 있나요? 그럼 부자일수록 더 유리한 건가요? 저도 로또에 당첨되면 더 많은 돈을 헌금할 수 있을 텐데, 하나님께 기도로 구해도 괜찮을까요?

A 풍성한 제사란 무엇일까요? 구약시대에는 기름지고 살진 황소나 어린 송아지 같은 동물을 성막과 성전에 바쳤습니다. 귀한 제물을 하나님께 바쳤으니 칭찬을 받아 마땅한데, 실제로는 제사장들이 하나님께 꾸지람을 듣곤 했습니다.

왜일까요? 살지고 기름진 짐승을 바치면서도 마음은 다른 데 있었기 때문입니다. 죄를 회개하지는 않고 '제물을 바쳤으니 모든 죄를 용서받았다'고 안심한 것입니다. 자신의 죄 대신 죽어가는 소나 양을 바라보며 다시는 죄를 짓지 않겠다고 맹세해야 했는데 그러지 않은 것입니다.

오늘날 21세기 교회에 적용해봅니다. 잘못 해석하는 풍성한 제사란 무엇일까요? 화려한 꽃과 조명으로 치장한 예배당, 푹신하고 안락한 극장식 의자, 적당한 온습도와 향기, 많은 악기와 솔리스트로 무장한 찬양대, 십일조와 예물이 가득한 헌금함, 각종 축복과 성공과 위로로 가득한 감미로운 설교를 말합니다. 기쁜 마음으로 복을 받기 위해서만 참석하는 예배가 참된 예배일까요? 아니면 진심으로 지은 죄를 슬퍼하고 아파하면서 드리는 예배가 참된 예배일까요? 우리가 지은 죄를 용서해주시는 하나님의 은혜와 성령님의 도우심으로 드리는 예배가 참된 예배입니다.

하나님은 풍성하고 향기로운 제사와 예물이 아니라 상하고 아픈 마음으로 드리는 예배를 원하십니다. 상하고 아픈 마음은 이런 것입니다. 세상에서 하나님의 말씀대로 살려다 넘어지고 쓰러져서 지친 사람들, 정직하고 올바르게 살려고 하다가 힘들고 지쳐서 아픈 가슴을 부여잡고 눈물로 예배드리는 사람들, 하루 벌어 하루 먹고 사는 일상에 지치고 괴로워서 눈물 흘리는 사람들의 예배가 참된 예배입니다.

더 나아가 불의하고 사악한 마음으로 드리는 헌금이나 예물을 하나님은 기뻐하시지 않습니다. 차라리 헌금을 바치지 못하거나 너무 적게 드려서 마음 아파하고 부끄러워하는 사람들의 예배와 예물을 기쁘게 받으십니다.

하나님은 우주 만물을 창조하셨으며, 그 모든 것들의 소유자이십니다(시편 24:1, 50:12~14). 그런 분이 무엇이 부족하여 우리의 돈과 예물을 탐하고 더 내라고 강요하시겠습니까? 성경은 하나님이 기뻐하시는 헌금과 예물에 대해 다음과 같이 규정합니다.

1) 올바르고 깨끗한 예물을 드려야 합니다.

창녀가 번 돈과 개처럼 벌어들인 소득은 하나님께 비치지 말아야 합니다(신명기 23:18). 수단과 방법을 가리지 않고 번 돈은 하나님이 기뻐하지 않으십니다. 예를 들어 부동산이나 주식의 투기 자금, 법과 근로조건을 준수하지 않고 벌어들인 부당한 소득, 올바른 상행위가 아니라 속이고 가로챈 이득도 마찬가지입니다. 많이 바치면 하나님이 더 많이 주신다는 믿음에는 투기 심리가 숨어 있습니다. 이는 매우 잘못된 것입니다. 깨끗하고 정직한 헌금을 드려야 하기 때문입니다.

2) 헌금에는 올바른 사랑의 표현이 포함되어야 합니다.

고액의 예물을 드려야 하나님이 기뻐하며 받으신다는 내용은 성경에 단 한 구절도 없습니다. 이것은 이방 종교나 무속신앙에서 나온 것입니다. 잘못된 헌금 정신이 기독교 신앙에 녹아든 것입니다. 예물과 헌금은 하나님을 배부르게 하는 것이 아닙니다. 성경에서는 예물과 헌금을 하나님이 주신 은혜에 감격하고 감사하는 신자들의 반응이라고 표현합니다. 가장 대표적인 구절 중 하나는 〈고린도후서〉 9장 7절로서 "마음에 정한 대로 할 것이요 인색함으로나 억지로 하지 말 것이니 하나님은 즐겨 내는 자를 사랑하신다"는 것입니다. 헌금은 억지나 강제로 하는 것이 아니며, 기쁘고 즐겁게 하나님께 드리는 것이 대원칙임을 명심해야 합니다.

3) 예수님은 제단에 예물을 바치기 전 인간 상호 간의 화목이 더 중요하다고 말씀하십니다(마태복음 5:23~24).

형제와 다투고 난 뒤에는 예배와 화해 중 어느 것이 더 중요할까요? 둘 다 중요하지만 한 가지만 택하라면 많은 성도가 예배가 더 중요하다고 대답할 것입니다. 저도 그렇게 배워왔습니다. 이 세상에서 가장 중요한 것은 하나님께 드리는 경배와 예배, 찬양이라고 말이지요. 그래서 주일을 성수하고 반드시 예배에 참석하라고 배웠습니다.

그러나 예수님은 화해를 먼저 하라고 가르치십니다. 불편한 마음으로 예배와 예물을 드리는 것보다는 먼저 형제와 화해한 후에 예배에 참석해서 헌금하라는 것입니다. 형제와 불화하면서 부모님을 찾아가 용돈과 선물을 듬뿍 안겨드려도 부모님의 마음은 편치 못합니다. 차라리 못 먹고 못살아도 사랑과 우애가 넘쳐서 콩 한 알이라도 형제끼리 나누어 먹는 것을 부모님은 더 좋아하십니다. 아무리 대기업 총수라 해도 자식들이 후계자가 되기 위해 갈등하고 다투는 모습을 보며 행복해할 부모는 없습니다.

4) 사도 바울도 하나님의 은혜에 감격하여 자신을 온전히 드리는 삶이 진정한 예물임을 강조합니다(로마서 12:1).

교회에 바치는 헌금이나 제물보다 더 중요한 것은 우리가 교회안과 교회 밖 생활에서 드리는 삶의 예배, 생활의 예배입니다. 우리는 가정에서, 학교에서, 식장과 사업장에서 예배를 드려야 합니다. 그 안에서 하나님 사랑과 이웃 사랑을 실천하며 살아야 합니다. 세상의 죄와 불의에 맞서며 드리는 생활의 예배, 외롭고 어려운 사람들을 도와주고 그들을 위해 흘리는 눈물을 하나님이 원하십니다. 정의로운 사회가 이루어지지 못하여 안타깝고 상한 마음으로 드리는 예배를 원하십니다.

다음 구절은 《구약성경》에서 선지자들이 이스라엘 백성과 제사장, 지도자들에게 제사와 제물, 예물에 대하여 경고하신 말씀입니다(우리말성경).

"여호와께서 말씀하신다. 그 많은 너희 제물을 무엇 하려고 내게로 가져오느냐? 나는 숫양의 번제와 살진 짐승의 기름도 지겹다. 나는 황소와 어린 양과 염소의 피도 기쁘지 않다. 너희가 내 얼굴을 보려고 나올 때 누가 너희에게 이것을 달라고 요구하더냐? 내 뜰만 밟을 뿐이다. 더 이상 헛된 제물을 가져오지 말라. 제물 타는 냄새도 역겹다. 초하루와 안식일과 집회의 선포를 견딜 수 없다.

악을 행하면서 성회를 여는 것을 참을 수 없다." (이사야 1:11~17)

"내가 받고 싶은 금식은 이런 것들이 아니냐? 부당하게 묶인 사슬을 끌러주고 멍에의 줄을 풀어주는 것, 압제 받는 사람을 자유롭게 놓아주고 모든 멍에를 부숴 버리는 것이 아니냐? 너희가 굶주린 사람에게 먹을 것을 나눠주고 가난한 노숙자를 집에 맞아들이는 것이 아니냐? 헐벗은 사람을 보면 옷을 입혀주고 네 혈육을 못 본 체하지 않는 것이 아니냐?" (이사야 58:3~7)

"시바의 유향이나 먼 곳에서 가져온 향료가 나와 무슨 상관이냐? 너희 번제물은 받을 만하지 않고 너희 희생제물은 나를 기쁘게 하지 않는다." (예레미야 6:20)

"내가 바라는 것은 인애이지 제사가 아니며 하나님을 아는 것이지 번제가 아니다." (호세아 6:6)

"그들이 희생 제물로 고기를 바치고 먹지만 여호와는 그것들을 즐거이 받지 않는다. 이제 그들의 사악함을 기억하고 그들의 죄를 처벌할 것이다. 그들은 이집트로 돌아갈 것이다." (호세아 8:13)

"너희는 벧엘에 가서 죄를 짓고 길갈에 가서 더 많은 죄를 지으라.

너희가 아침마다 너희의 제물을 바치고 3일마다 너희의 십일조를 드리라. 누룩 넣은 빵을 태워서 감사 제물을 드리고 자원 제물을 드리며 큰 소리로 자랑하라. 이스라엘 자손들아, 너희가 이렇게 하기를 좋아하는구나. 주 여호와께서 하신 말씀이다." (아모스 4:4~5)

"나는 너희 명절 축제를 미워하고 싫어한다. 너희 종교적인 모임을 내가 기뻐하지 않는다. 너희가 내게 번제와 곡식 제사를 드려도 내가 그것들을 받지 않을 것이다. 너희가 살진 짐승으로 화목제를 드려도 내가 돌아보지 않을 것이다. 너희는 내 앞에서 노래 부르기를 그치라! 너희가 켜는 하프 소리도 내가 듣지 않겠다. 오직 정의를 강물처럼 흐르게 하고 의를 시냇물이 마르지 않고 흐르는 것처럼 항상 흐르게 하라." (아모스 5:21~24)

"내가 무엇을 가지고 여호와 앞에 나아가며 높으신 하나님께 경배할까? 내가 번제물을 가지고 나아갈까? 1년 된 송아지를 가지고 그분께 나아갈까? 여호와께서 수천 마리의 숫양이나 수만의 강 같은 기름을 기뻐하실까? 내가 내 악행을 벗기 위해 내 맏아들을 드리고 내 영혼의 죄를 위해 내 몸의 열매를 드릴까? 오 사람아, 무엇이 좋은지 이미 그분께서 네게 말씀하셨다. 여호와께서 네게 원하시는 것은 공의에 맞게 행동하고 긍휼을 사랑하며 겸손히 네 하나님과 함께 행하는 것이다." (미가 6:6~8)

06

성경에서는 헌금에 대해 어떻게 말하고 있나요?

Q 저는 헌금 내는 게 어려워서 교회에 가기가 부담스럽습니다. 헌금함을 그냥 스쳐 지나갈 때마다 하나님께 죄송한 마음이 들어요. 교회에 다니려면 꼭 헌금을 내야 하나요? 성경에서는 헌금에 대해 어떻게 말하고 있나요?

A 〈고린도서〉에 헌금에 대한 구절이 많습니다. 이 구절들은 헌금의 원칙과 의미를 말하는 것이므로 십일조나 제물과는 직접적으로 관련이 없습니다. 그럼에도 헌금의 기초와 기본, 원칙을 제시해줍니다. 결론부터 말하자면, 헌금은 억지나 강제가 아닌 기쁨과 감사로 하는 것입니다. 어떤 복을 바라지 않는 자발적인 참여라는 것이지요. 이해하기 쉽도록 우리말성경으로 살펴보겠습니다.

이스라엘 백성들에게 말해 내게 예물을 가져오라고 하여라. 자원해서 예물을 드리려고 하는 모든 사람에게 너희가 내 예물을 받아 와야 할 것이다.

(출애굽기 25:2)

헌금 상담

하나님은 모세에게 성막(회막)을 지으라고 명령하셨습니다. 그리고 예물을 가져오되 마음에서 우러나오는 것만 받으라고, 억지로나 할 수 없이 바치는 것은 받지 말라고 하십니다. 오늘날 교회에서 억지로 또는 반강제적으로 헌금을 바치라고 하는 경우가 많다는 것을 압니다. 이런 헌금은 하나님이 받지 않으십니다. 마음에 감동이 없는 헌금은 아무런 의미가 없습니다.

다윗은 성전 건축을 위해 많은 금과 보석을 예물로 바쳤고 지도자들도 기뻐하며 재물을 많이 바쳤습니다(역대상 29:9). 결국 왕과 지도자 및 관리들이 솔선수범을 보인 것이지요. 지금 같으면 예배당을 짓기 위해 목사가 가장 많이 헌금을 하고 장로, 권사에 이어 부유한 사람들이 헌금을 한 것입니다.

모든 세상과 그 안에 사는 모든 것들이 여호와의 것입니다. (시편 24:1)

이는 온 우주에 있는 삼라만상과 생명이 다 하나님 것이라는 다윗의 고백입니다. 모든 것을 다 가진 하나님이 왜 우리에게 돈을 요구하실까요? 사실 하나님에게는 필요가 없고 교회에 더 필요하지요. 더 쉽게 말하자면 교역자, 직원과 가난한 이웃들에게 필요합니다. 하나님이 헌금을 목회자들과 교회 운영, 가난하고 소외된 이웃들을 위해 사용하라고 하신 것입니다.

구약에 성전은 단 하나밖에 없습니다. 하나님이 그곳에 살면서 응답하시므로 화려하고 웅장하게 만들어야 했습니다. 그러나 현재는 각 성도들의 육체에 성령 하나님이 상주해 계시므로 교회당 건물을 웅장하고 화려하게 건축할 필요가 없습니다. 예배를 할 수 있는 아늑하고 평안한 공간만 있으면 됩니다. 나머지는 부수적인 것입니다.

문제는 이 구절을 잘못 해석한다는 것입니다. 하나님은 모든 것을 가지고 있으므로 마음껏 하나님 아버지께 구하라고 가르치는 것은 잘못입니다. 〈시편〉 24편은 성전을 방문하고 입장하는 순례객들에게 요구하는 질문입니다(시편 24:3~4). 하나님의 성전에 들어갈 자격이 있는 사람들은 재물에 욕심이 없고 마음이 깨끗하고 거짓말하지 않아야 합니다. 우리도 마찬가지입니다. 하나님을 생각할 때나 교회당에 들어갈 때마다 나는 어떤 삶을 살았는지 스스로에게 물어야 합니다.

내가 혹 굶주려도 네게 말하지는 않을 것이다. 세상이 내 것이고 그 안의 모든 것이 내 것이니 말이다. 내가 황소 고기를 먹겠느냐? 아니면 염소 피를 마시겠느냐? 하나님께 감사의 제사를 드리고 지극히 높으신 분께 네 서원을 이뤄라. 고통 받을 때 나를 불러라. 내가 너를 건지겠고 네가 나를 영화롭게 할 것이다. (시편 50:12~15)

온 세상에 있는 모든 것(물질, 명예, 권력, 건강)이 다 하나님의 것인데 돈이나 물질을 우리에게 원하시겠습니까? 아닙니다. 하나님이 그 돈을 가지고 사용하십니까? 아니면 우리가 드리는 소나 염소 고기를 드시겠습니까? 아닙니다: 하나님께 기쁨과 감사로 드리는 예배, 아프고 힘들고 괴로울 때 주님의 긍휼과 자비를 구하며 드리는 눈물의 찬미 예배를 원하십니다.

또 어떤 가난한 과부가 렙돈 두 개를 넣는 것도 보셨습니다. (중략) 이 여인은 매우 가난한 가운데서 가지고 있는 생활비 전부를 바쳤습니다. (누가복음 21:1~4)
가난한 과부의 렙돈 두 개는 현재 시가로 보면 약 1,000~2,000원 정도입니다. 과부는 이 돈으로 하루를 살아야 하는데 헌금으로 바쳤으니 예수님께 칭찬을 받은 것입니다. 어쩌면 과부는 그날 굶었을지도 모릅니다. 부자 장로님이 주일 헌금으로 백만 원을 내는 것과 극빈자 교우가 만 원을 내는 것은 매우 다릅니다. 부자 장로님에게는 백만 원이 아무것도 아니지만 가난한 교우에게 만 원은 하루 생활비입니다. 예수님은 여기서 헌금의 원칙을 보여주셨습니다.

이와 같이 주께서도 복음을 전하는 사람들에게 복음 전하는 일로 먹고 살라고 명하셨습니다. (고린도전서 9:13)
교회에서 일하는 목사님이나 전도사님, 선교사님들도 이 구절에 따라 사례금을 받을 수 있습니다. 이런 분들에게 헌금이 사용될 수 있습니다. 다만 과도하게 많은 사례금을 받으면서도 더 받으려 하는 일부 목사님들은 지탄의 대상이 됩니다. 하지만 대부분의 목사님들은 경제적으로 어렵게 생활하고 있으며, 적지 않은 분들이 신용불

목사님 궁금합니다

량자입니다. 매우 안타까운 실정입니다.

매주 첫날에 여러분 각자가 수입에 따라 저축해서 내가 갈 때 헌금하는 일이 없게 해 주십시오. (고린도전서 16:2)

헌금은 각자가 드리되 수입에 맞게 드리는 것입니다. 많이 버는 사람은 많이 내고, 적게 버는 사람은 적게 내면 됩니다. 수입이 없으면 내지 않아도 됩니다. 수입이 없는데도 대출이나 융자를 받아 헌금을 하지 말라는 것입니다. 헌금을 바치지 못하는 분들도 마음과 눈물로 드린다면 하나님이 받으시고 복을 주십니다.

만일 무엇보다 여러분에게 자원하는 마음이 있다면 하나님께서 그 가진 대로 받으실 것이요, 가지지 않은 것까지 받지는 않으실 것입니다. (고린도후서 8:12)

실직한 신자나 빚을 내서 간신히 살아가는 신자들에게까지 헌금을 하라는 것은 아닙니다. 심지어 정부 보조금을 받아 사는 분들에게 십일조를 강요하는 것은 잘못입니다. 물론 어려운 살림 가운데서 헌금을 마련하여 기쁨과 감사로 낼 수도 있습니다. 그러나 헌금 때문에 삶이 힘들다며 하나님을 힘들게 하거나 귀찮게 하는 기도를 하지 마십시오. 이런 경우를 자주 보았습니다.

목사를 비롯한 사람을 보고 헌금을 하지는 마십시오. 안수집사나 권사가 안 되면 어떻습니까? 장로, 권사는 계급이 아니고 상급도 아닙니다. 하나님의 아들, 딸이 더욱 귀한 직분이요 직책입니다.

각자 마음에 정한 대로 헌금하되 아까워하거나 억지로 하지 마십시오. 하나님께서는 기쁨으로 내는 사람을 사랑하십니다. (고린도후서 9:7)

이것이 바로 헌금의 대원칙입니다. 기쁨과 감사가 없이는 헌금하는 것이 아닙니다. 마음에 감동이 오면 하고 싶은 대로 헌금을 하십시오. 목사나 부흥사의 말에 넘어가 맹목적으로 헌금하지 마시고 단돈 1,000원짜리 한 장을 내더라도 기쁨과 감사로 하기를 바랍니다.

칼바람이 부는 도로가에 앉아서 벌벌 떨며 채소를 팔거나, 하루 종일 폐지나 상자를 모아서 겨우 7,000~8,000원을 버는 분들에게 1,000원은 매우 소중한 돈입니다. 만약 그런 분들이 1,000원을 헌금한다고 해서 하나님이 싫어하신다면 저는 그런 기독교를 믿지 않겠습니다. 그것은 기독교가 아니라 가짜 종교라는 말입니다. 기독교의 하나님은 헌금을 할 수 없어 부끄러운 마음으로 예배하는 사람들을 안타까워하십니다. 헌금을 내지 못하는 것이 창피해서 교회에 나가지도 못하는 분들을 바라보며 하나님은 슬퍼하십니다. 실제로 헌금을 내지 못해도 교회에만 나온다면 기뻐할 목사님들이 제 주위에는 넘쳐납니다.

목사님 궁금합니다

07

직분을 얻으려면 반드시 헌금을 내야 하나요?

Q 어느 교회에서는 장로가 되려면 일정 금액을 헌금해야 자격이 주어진다는 이야기를 들었습니다. 저희 부모님은 수십 년간 교회에서 봉사를 해왔지만, 집안 형편상 십일조를 하지 못할 때가 많았습니다. 많은 돈을 한 번에 헌금할 여건도 되지 않고요. 그럼 부모님은 장로나 권사가 될 수 없는 건가요?

A 십일조를 하면 하나님이 복을 주시고, 십일조를 하지 않으면 벌을 받는다고 믿는 신자들이 많습니다. 그런 분들은 십일조를 의무적으로 하며, 십일조 신앙이 교회에서 집사, 장로, 권사 등 직분자를 선정하는 기준이 된다고 믿습니다. 그러나 십일조를 하면 복을 받고 하지 않으면 그리스도인이 아니라는 말은 맞지 않습니다. 예전에 어느 교단과 교회에서 십일조를 하지 않으면 교인으로 인정하지 않겠다고 해서 물의를 빚은 적이 있었지요.

십일조를 포함한 모든 헌금은 하나님께 기쁨과 감사로 드리는 것이지(출애굽기 25:2 / 역대상 29:6, 9 / 시편 50:12~14), 무엇을 바라거나 요구하며 바치는 것이 결코 아닙니다. 하나님은 헌금을 억지로 바치라고 말씀하신 적이 없습니다. 성경에서는 선행과 구제가 없는 삶을 살다가 재물만 가지고 오거나(이사야 1:11~13 / 아모스 4:4~5, 5:22), 질병이 있는 동물을 바쳐서 하나님께 큰 꾸지람을 들은 사례가 있습니다(말라기 1:7~8).

그리고 성경의 복은 신령한 것입니다(에베소서 1:3~5). 세상적인 물질, 건강, 출세 등은 단지 모형이요 그림자일 뿐입니다. 십일조가 신자의 의무라는 말은 무리가 있고, 극빈자나 최저임금 생활자 등 어렵고 가난하게 사는 사람은 십일조 의무가 없습니다. 구약에서는 도리어 신자들이 바친 십일조로 가난하고 소외된 사람들을 도와주었습니다.

교회 입장에서는 십일조가 반드시 필요합니다(고린도전서 9:13~14). 성경적으로 강제조항은 아니지만 모든 것이 하나님의 것(시편 24:1, 50:11)이라는 측면에서 십일조 신앙은 필요하다고 봅니다. 하지만 마음에 부담이 가고 기쁨과 감사가 없다면 본인이 허락하는 선에서 하거나 아예 하지 않아도 됩니다. 직접적인 수입이 없는 전업 주부의 경우, 남편과 상의해 십일조를 하거나 남편이 주는 생활비에서 십일조와 헌금을 할 수 있습니다.

교회가 십일조로 직분을 평가하는 것은 이해가 되는 부분입니다. "재물(돈과 황금)이 있는 곳에 네 마음이 있다"는 말씀이 있듯이, 믿음이 있다는 신자치고 십일조를 안 하는 분은 거의 없습니다. 믿음이

목사님 궁금합니다

있는지 없는지, 큰지 작은지는 시험이나 과제물로 평가할 수 없습니다. 그래서 예배 출석률, 십일조, 봉사, 전도 등으로 평가하곤 하지만 그것도 신자의 사정에 따라 기준이 달라집니다. 그래서 목회자는 십일조를 포함한 헌금으로 신앙을 평가하는 경향이 있습니다. 요한 웨슬리는 "돈 지갑이 회개하지 않으면 회개를 믿을 수 없다"는 유명한 말도 했습니다.

하나님은 중심을 보시지만 사람인 목사는 겉모습을 볼 수밖에 없는 것이 현실입니다(사무엘상 16:7). 교회에서 객관적으로 신앙을 평가하려면 헌금도 기준이 되어야 하지 않을까요? 세상의 단체나 모임에서도 회비와 찬조금을 많이 내면서 활동도 열심히 하는 사람이 단체장이 되지 않나요? 결국 목회자는 성도의 재정 형편과 신앙 상태 등 여러 여건을 고려해 직분을 허락해야 합니다. 그러나 요즘 처럼 심방을 꺼려하는 시대에는 이마저도 쉽지 않습니다.

원론적이지만 헌금, 십일조, 예배, 봉사, 전도, 교제 등 모든 교회 활동은 기쁨과 감사가 없으면 하지 않거나 줄이는 것이 바람직합니다. 하나님과의 관계가 가장 중요하므로 교회의 눈치를 보지 말라는 것입니다. 내 사정을 잘 아시는 하나님 앞에서 신앙생활을 하면 됩니다. 말로는 이름 없이 빛도 없이 감사하며 섬긴다고 하면서도 실천에 옮기지 못하는 것이 문제입니다. 내심으로는 안수집사, 장로, 권사가 되고 싶어 한다는 것이지요. 그런 계급장(?), 진급(?)에 대한 욕심을 버린다면 십일조 신앙에서 자유로울 수 있습니다.

08

연보와 헌금의 차이는 무엇인가요?

Q 저희 할아버지는 주일마다 제게 교회에서 연보를 하고 왔는지 물어보십니다. 용돈을 아껴서라도 연보는 꼭 해야 한다고 말이죠. 연보가 교회에 내는 돈을 의미하는 것 같은데, 헌금하고 다른 개념인가요? 헌금과 연보를 동시에 해야 하는 건지 궁금합니다.

A 연보(捐補)의 한자는 '버릴 연(捐)'에 '도울 보(補)'입니다. 즉, 타인을 도와주되 버리는 마음으로 주는 돈을 말합니다. 돈을 낼 때 생색내거나 회수를 기대하는 마음이 없어야 한다는 의미입니다. 매우 좋은 뜻의 용어지요. 예전에는 의연금(義捐金)이라는 게 있어서 불우한 이웃과 재해를 당한 사람들을 위해 돈을 모금했습니다. 불우이웃돕기 성금이라는 쉬운 용어도 있지만, 의연금도 좋은 단어입니다. 옳고 의로운 곳에 사용되길 바라는 마음으로 드리는 돈이니까요.

연보는 구제금이나 의연금의 성격을 띱니다. 연보에 대응하는 영어 단어는 컨트리뷰션(contribution)입니다. 함께(con) 돈을 나누어 낸다(allot)는 라틴어에서 나온 단어입니다. 어렵고 고난당하는 사람들이 있을 때 혼자 돕는 것이 아니라 십시일반으로 돕는 것입니다. 사실 지금 사용하는 헌금이라는 용어는 성경적으로 보면 연보의 성격이 더 강합니다. 사도 바울이 사용한 '연보'란 모두 구제 헌금입니다(로마서 15:26 / 고린도전서 16:1~2 / 고린도후서 8:2, 8:20 등). 기근과 가난 속에서 어렵게 연명하고 있는 예루살렘 교회를 돕기 위해 유럽(마케도니아와 아가야)에 있는 교회들이 구제금을 냈던 것입니다(로마서 15:26). 성경에는 연보라는 단어가 8번 등장합니다. 모두 의연금이나 구제금의 성격으로 사용되었습니다.

반면 헌금이라는 단어는 구약에 3번, 신약에 4번 등장합니다. 구약은 전쟁에서 승리한 이스라엘 백성이 감사와 속죄를 위하여 드린 헌금(민수기 31:50)과 성전을 보수할 곳에 사용하는 헌금(역대하 34:9, 34:14)을 말합니다. 이 외에도 헌금과 비슷한 의미의 단어가 많이 등장합니다.

예전에는 교회 안에서 연보라는 단어를 사용하는 분들이 제법 있었습니다. 그런데 언제부터인지 연보라는 말이 사라지고 그 대신 헌금이라는 단어가 더 많이 쓰이게 되었습니다. 지금은 연보라는 단어를 사용하는 분이 거의 없을 것입니다. 연보라는 말에서는 하나님께 바치고 드린다는 의미보다는 사람을 돕는다는 것이 더 강하게 느껴집니다. 이런 이유로 교회에서 변경을 한 것이 아닌가 생각합니다. 또 신자들은 대개 연보보다 '연보돈'이라는 단어를 사용했습니다. '돈', '돈' 하니까 세속적이고 비천한 느낌이 들어 한자를 좋아하는 분들이 '헌금'으로 다시 바꿔 사용한 것 같습니다. 차라리 '연보금(捐補金)'이라고 했으면 더 오래 사용하지 않았을까요?

헌금(獻金)의 한자어는 '드릴 헌(獻)'에 '쇠(돈)금(金)'입니다. 따라서 연보처럼 다른 사람을 돕는다는 의미보다는 하나님께 바치거나 드리는 의미가 더 강합니다. 요즘은 헌금이라는 말 외에 헌납(獻納), 봉헌물(奉獻物), 예물(禮物)이라는 말도 많이 사용합니다. 왜 이렇게 어려운 한자를 사용하는지 잘 모르겠습니다. 세상과 사회에서는 어려운 법률·세무·행정용어도 쉬운 우리말로 풀어쓰거나 이해하기 쉬운 단어로 대체합니다. 그런데 교회에서는 아직도 한자를 고집하고 있는 형편입니다.

어제는 어느 교회의 헌금 지출내역을 보다가 이상한 단어를 발견했습니다. '김○○ 목사 신수금 487만 원'이라고요. 처음 보는 단어였습니다. 돈은 돈인데 무슨 돈을 의미하는지 알 수 없습니다. 월사례비, 즉 월급(급여)을 의미하는지 정확히 알 수 없었습니다. 사전을 찾아보니 신수비(薪水費)란 연료와 먹을 물을 사는 데 드는 비용이라고 합니다. 그렇다면 생활비를 의미하는 것이라 볼 수 있습니다. 그냥 사례비 또는 월급이라고 하면 될 것을 굳이 어려운 단어를 사용할 필요가 있었는지 의아합니다. 흥미로운 것은 사무실 직원들은 '급여'라는 단어를 사용하고 있더군요.

목사님 궁금합니다

저는 '연보'라는 단어를 '헌금'이나 '봉헌물'보다 더 좋아합니다. 한국 교회에서 연보라는 좋은 의미의 용어를 다시 사용하는 날이 오기를 소망합니다.

09

헌금은 꼭 출석하는 교회에 해야 하나요?

Q 방학을 이용해서 잠시 외갓집이 있는 시골에 내려왔습니다. 주일날 시골 교회에서 예배를 드리려 합니다. 그런데 헌금을 출석하는 교회 대신 시골 교회에 드려도 되는지 궁금합니다.

A 십일조나 헌금을 꼭 출석 교회에 내야 하는지 질문하는 분들이 적지 않습니다. 특히 십일조를 특정 단체나 교회, 아는 목회자(선교사 포함)님께 드리면 어떨지 묻습니다. 출석하는 교회가 재정적으로 넉넉하거나 여유가 있는 중대형 교회라면 별 상관이 없을 것입니다. 그러나 헌금에 대해 단정 짓기는 쉽지 않습니다.

목회자들이 헌금을 말할 때 강조하는 것이 "헌금을 반드시 자신이 출석하는 교회에 하라"는 것입니다. 반면 신자들은 헌금을 왜 꼭 출석하는 교회에 내야 하는지 의아해합니다. 특히 십일조는 더욱 그렇습니다. 그렇다면 성경은 무엇이라고 답을 할까요? 성경에는 헌금이나 십일조를 반드시 출석하는 교회에 내라는 말씀이 없습니다.

자발적으로라도 헌금을 출석 교회에 내라는 말은 있을까요? 예, 있습니다. 〈말라기〉 3장 10절에 "너희의 온전한 십일조를 창고에 들여 나의 집에 양식이 있게 하고…"라는 말씀에 근거해 창고를 성전으로 인정하여 헌금을 출석 교회에 하라고 합니다. 구약시대에는 헌금을 예루살렘 성전에 내면 되었지만 현재의 기독교 교회는 개교회 중심이어서 적용하기에 무리가 있습니다.

만약 로마 가톨릭(천주교)처럼 중앙집권 형태라면 이 구절이 옳다고 볼 수 있습니다. 모든 헌금이 한곳에 몰리기 때문입니다. 그러나 한국의 교회는 각자도생(各自圖生)해야 합니다. 내가 살 길은 내가 마련해야 한다는 뜻이지요. 아니면 교회 문을 닫아야 하니까요.

성경에는 헌금(구제금이나 연보 포함)을 하는 마음가짐(기쁨과 감사로 자발적으로 즐겁게 해야 함), 대상(제사장과 레위인 생활비, 성전 보수, 가난한 이웃을 위한 구제), 헌금의 질(개처럼 벌거나 창기가 번 돈은 안 됨)에 대해서 많은 말씀이 있습니다. 그러나 헌금을 하는 곳(교회)에 대해 성경은 침묵합니다. 그렇다면 우리는 어느 곳(교회, 단체, 개인)에 헌금을 해야 할지 지혜를 구해야 합니다. 편의상 크게 두 가지 경우로 구분해 살펴볼 수 있습니다.

첫째, 출석 교회에 한다.

하나님께 예배하려면 건물이 필요합니다. 혼자 하는 것은 예배가 아니라 개인 경건 훈련에 가깝습니다. 많은 신자가 모였을 때 건물이 아닌 산이나 들, 강변에서 예배를 할 수도 있습니다. 그런데 일 년에 한두 번이야 가능하겠지만 매주, 아니면 자주 그런 예배를 할 수는 없습니다. 겨울에는 몹시 춥고 여름에는 더운 한국 기후를 감안하면 더욱더 건물이 있어야 합니다. 이럴 때 건물을 소유하거나 임대하는 방법이 있습니다.

우리가 어떤 단체나 집단에 소속된다면 그 단체의 운영과 활동에 재정적인 책임을 지는 것이 당연합니다. 고등학교 동창회에 참석하고 일원이 되려면 회비를 납부하는 것이 상식입니다. 교회공동체도 마찬가지입니다. 목회자와 직원의 월급, 교회당 사용과 유지 보수비, 신자를 위한 교육비나 친교비, 선교비, 이웃을 위한 구제금 등 많은 지출이 발생합니다. 따라서 자신이 출석하는 교회에 헌금을 내는 것이 당연합니다. 이것은 원칙입니다.

둘째, 다른 연약한 교회, 단체, 개인(목회자, 선교사, 특정 신자 등)에게 한다. 출석 교회에 헌금을 하지 않을 때도 있습니다. 즉, 예외가 있을 수 있다는 것이지요. 그러나 이때도 지혜롭고 슬기롭게 잘 판단을 해야 합니다. 간혹 이런 일로 인하여 교회에서 의심을 받기도 하고 믿음이 잘못되었다는 평가를 받을 수 있습니다. 장로, 안수집사, 권사로 승진(?)하는 데 지장을 받을 수 있다는 것입니다. 반드시 불이익을 당합니다. 그럼에도 헌금을 출석 교회가 아닌 다른 곳에 쓰는 경우는 다음과 같습니다.

　　　　　　　　　　　　　　　　목사님 궁금합니다

1) 헌금 사용에 의혹이나 문제가 있을 때

교회가 재정 보고를 하지 않을 때입니다. 아주 작은 교회인 경우 예외도 있지만 출석 인원이 10명 이상이 되면 반드시 재정을 공동의회에 보고해야 합니다. 몇 백 명이 모여도 재정 보고를 하지 않는 교회가 적지 않습니다. 목회자가 개인적으로 헌금을 착취하거나 부당하게 사용하는 일도 있습니다. 굳이 예를 들지 않아도 서울 강남의 M교회, 분당의 H교회 등 언론에 많이 보도되어 있습니다.

2) 헌금 사용처가 올바르지 못할 때

교회의 헌금 사용이 올바르지 못할 때입니다. 헌금의 사용이 목회자, 직원, 신자들과 교회당 건물에만 국한되거나 제한되는 것입니다. 외부 구제금, 장학금, 선교금을 무시하거나 아니면 제한이 될 때입니다. 물론 지정헌금(목적헌금)을 통해 다른 곳에는 사용하지 못하게 하는 경우도 있는데, 이럴 때 교회는 투명하게 그런 사실을 공개해야 합니다. 교회에 미운 털이 박히거나 표적이 되지 않으려면 감히 교회 사무실에서 재정 상태를 물어볼수 없습니다. 기껏 열람하려고 해도 자신이 얼마나 헌금을 했는지 확인하는 정도만 가능합니다.

　제가 아는 어느 교회는 몇 십 년 동안 단 한 번도 재정 보고를 하지 않았다고 합니다. 교인이 20명까지 줄었다가 1년 전 새 담임목사가 부임해 정관을 개정한 뒤에야 매월 재정 보고를 투명하게 공개했습니다. 단식부기로 작성하고 모든 지출에는 영수증을 첨부하였다고 합니다. 그 결과인지는 모르지만 지금은 교인이 50명이 되었다고 합니다.

3) 타교회나 사역자들이 재정적으로 어려울 때
담임목사는 일억 원이 넘는 사례비를 받고 큰 평수의 아파트에 살면서 비싼 외제 차량이나 승용차를 탑니다. 심지어는 골프도 치고요. 옷도 비싼 것을 입고 자식들도 동일한 혜택을 받습니다. 자신과 가족은 그런 풍요를 누리면서 신자들에게는 가난한 이웃을 도우라고 하고 재정적으로 어려운 목회자나 사역자들을 돕지 않습니다. 교회가 하는 일은 구제가 아니라고 강조하면서 자신과 교회의 부만 축적했던 모 목사님이 생각납니다.

4) 교회를 옮기기 전 다니던 교회에서 헌금을 약속하였을 때
이전 교회에서 건축헌금이나 어떤 약정한 헌금이 남아 있을 경우입니다. 이사 등의 이유로 약속한 헌금을 하지 않으면 교회가 난관에 부딪힐 수 있습니다. 대개는 회계하는 기간인 연도 말까지 하면 됩니다. 이럴 때는 현 교회의 담임목사에게 사정을 이야기하는 것이 바람직합니다. 아마 거부하는 목사는 없으리라고 봅니다.

그럼에도 주의할 사항이 있습니다. 헌금(십일조 포함)을 다른 교회나 개인 앞으로 할 수는 있지만 무명으로 하는 것이 바람직합니다. 왜

목사님 궁금합니다

냐하면 그 교회나 개인이 헌금자에게 의지하거나 기대하는 심리가 발동할 것이기 때문입니다. 또 헌금을 하는 사람도 자랑하거나 우쭐대고 싶은 마음이 생기기 쉬우니까요. 누가 보냈는지 몰라야 헌금자 및 헌금을 받는 교회나 개인도 기대심리가 사라지고 하나님만 의지하게 됩니다.

10

빚을 내서라도 헌금을 해야 하나요?

Q 헌금을 하면 하나님이 몇 배로 갚아주시고, 헌금을 하지 않으면 벌을 받아 지옥에 간다고 합니다. 빚을 내서라도 헌금을 하지 못하는 것은 하나님에 대한 신뢰가 없기 때문인가요?

A 헌금은 무기명으로(누가복음 21:1), 자발적으로(출애굽기 25:2 / 고린도후서 8:1), 기쁨과 감사(역대상29:9 / 시편 50:14)로 드리는 것이 기본 원칙입니다. 또한 하나님은 헌금을 포함한 모든 것, 즉 생명, 시간, 지구, 동식물 등의 주인입니다(시편 24:1 / 고린도후서 5:18). 이 구절만 제대로 인지하여도 헌금을 얼마나 해야 할지 고민할 필요가 없습니다. 내 돈은 없고 모두 하나님의 것이기 때문입니다. 단지 나는 청지기라는 인식이 필요합니다. 청지기 개념만 인지하고 있으면 헌금에 대해 고민할 필요가 없습니다. 그런데 헌금 액수를 정하는 것은 그리 쉬운 문제가 아닙니다. 그래서 헌금에 대해 가장 중요한 점 두 가지만 다루겠습니다.

첫째, 목회자와 신자의 생각이 다르다.

대부분의 목회자는 십일조가 기본이라고 생각합니다. 목회자는 수입의 10%를 십일조로, 나머지 90%의 일부는 감사헌금이나 주정헌금으로 내야 한다고 생각합니다. 또한 십일조를 10% 이상 내는 신자일수록 믿음이 좋다고(?) 인정하는 경향이 있습니다. 십일조 신앙을 헌금의 기본으로 생각한다는 것이지요. 헌금을 더 많이 할수록 믿음이 좋다고 생각합니다.

한편, 일반 신자들은 수입의 10% 안에서 모든 것을 해결하려는 경향이 있습니다. 그러다 보니 10% 미만을 십일조로 내는 분들은 마음이 편하지 않습니다. 믿음이 없거나 나빠서(?) 적게 헌금하는 것 같은 느낌을 받습니다. 십일조 이야기만 나오면 머리를 숙이거나 죄인이 됩니다. 사견으로는 수입의 10% 선에서 모든 헌금을 내는 것이 바람직하다고 봅니다. 10%를 기준으로 해서 조금 더 할 수도 덜 할 수도 있는 것이지요.

둘째, 신자들마다 믿음의 성숙도와 깊이가 다르다.

믿음이 성숙하고 깊이가 있는 신자들은 대개 수입의 10% 이상을 헌금합니다. 헌금(십일조)에 반감이 있는 초신자나 배우자가 불신자인 경우는 헌금을 10%까지 내기가 어려울 것입니다. 수입이 너무 적을 경우 헌금을 하고 싶어도 최소한의 생활조차 유지하기 힘들기 때문입니다. 월 1,000만 원을 버는 신자에게 200만 원을 헌금하고 800만 원으로 살라고 하면 경제적 어려움이 없을 것입니다. 하지만 월 200만 원을 버는 신자에게 10%인 20만 원을 헌금하고 180만 원으로 생활하라고 하면 큰 부담이 됩니다. 만약 20%인 40만 원을 헌금하고 남은 160만 원으로 살라고 한다면 저 같아도 시험에 들거나 다른 교회로 갈 것 같습니다(웃음). 그렇다면 어떻게 하는 것이 좋을까요? 어떻게 해야 목회자와 신자 모두 만족할 수 있을까요? 쉽지 않습니다. 그래도 최소한 다음 두 가지 원칙을 지켜야 합니다.

1) 수입이 없으면 헌금을 하지 말자.
수입이 없는데도 카드 대출이나 부동산 담보 대출을 통해 억지로 헌금하는 분이 있습니다. 본인이 자원해서 하는 것이라면 막을 수 없지만 성경적인 원칙에 따르면 하지 않아도 무방합니다(고린도전서 16:2 / 고린도후서 8:12). 헌금에 대한 부담은 갖지 마십시오. 교회 출석만 잘 해도 감사할 따름입니다. 이런 분들이 헌금하면 목사는 눈물이 납니다. 목사는 울 수밖에 없습니다. 한편, 생활비 전부에 해당하는 두 렙돈을 바친 과부 이야기에 집착하지 마십시오(마가복음 12:42~44). 이 비유는 부자들의 많은 헌금이 가난한 과부의 적은 헌금보다 못하다는 것을 말씀하시는 것이니까요.

2) 수입의 10%를 헌금으로 정하되 차등을 두지 말자.
헌금으로 수입의 10%를 지키지 못하고 3%를 하든 25%를 하든 개의치 않아도 됩니다. 헌금의 기본 원칙은 자발적인 기쁨과 감사로 드리는 것입니다. 하나님이 모든 것의 주인이심을 아는 신자는 20%, 아니 50%라도 할 것입니다. 하지만 가난한 신자나 믿음이 적은 신자에게 10%는 적은 액수가 아닙니다. 자칫 시험에 들거나 믿음에서 실족할 수 있기 때문입니다. 믿음이 자라 헌금을 하는 목적을 바로 알거나 생활 형편이 나아지면 더 많이 헌금을 할 것입니다. 헌금은 하나님께 헌신(구약의 제사처럼 내 몸을 바침)하는 표시이며 이웃 사랑(주로 구제금)을 나타내는 지표가 됩니다. 헌금으로 재산이 줄어도 하나님만 있으면 살 수 있다는 각오와 다짐이 헌금입니다. 또한 이웃을 내 몸처럼 사랑하는 방법이기도 합니다. 이해하기 쉽지는 않지만 믿음이 자라면 알게 될 것입니다.

다만 이때 목사가 주의할 점이 있습니다.

1) 헌금을 기준으로 직분 여부를 결정하지 말자.
유전무죄, 무전유죄가 되는 순간입니다. 헌금을 많이 해야 장로가 되고 권사가 되는 풍토는 사라져야 합니다. 저는 가난한 신자가 장로가 되는 것을 본 적이 없습니다. 돈이 많으면서도 믿음이 부족한 장로보다는 가난하지만 믿음이 큰 채소가게 주인 장로님이 더 바람직합니다.

2) 헌금을 가지고 다른 사람과 비교하지 말자.

예를 들어 보험회사나 영업부서처럼 그래프를 그려서 개개인을 비교하거나 창피를 주어서는 안 됩니다. 헌금한 사람들의 이름을 주보에 기록하는 행위도 중단해야 합니다.

3) 헌금이 복의 통로이며 30배, 60배의 복을 받는다고 하지 말자.

하나님은 자신이 지은 죄에 슬퍼하고 아파하지 않는 헌금(구약의 제사 개념)은 받지 않으셨습니다(시편 51:17 / 이사야 66:2~3). 사도 바울이나 베드로, 야고보가 헌금을 하지 않아서 순교했나요? 그들은 헌금을 내기는커녕 먹고살기도 버거웠을 것입니다.

4) 헌금을 하지 않으면 벌받는다고 말하지 말자.

헌금, 특히 십일조를 하지 않으면 반드시 벌을 받는다는 무당 같은 말을 하는 목사가 많습니다. 이는 매우 잘못입니다. 십일조를 하지 않으면 지옥에 간다는 비성경적인 말을 하는 목사도 마찬가지입니다. 절대로 이런 못된 말을 하지 말아야 합니다.

또한 일반 신자들이 주의해야 할 사항이 몇 가지 있습니다.

1) 헌금은 무기명으로 하자.

오른손이 하는 일을 왼손이 모르게 해야 합니다. 이것이 올바른 헌금자의 자세입니다. 다만 헌금의 투명성, 사용처 규명, 세금 환급 용도로 인하여 기명으로 할 수도 있습니다.

2) 자랑으로 하지 말자.

헌금을 얼마 했더니 얼마를 더 벌었다거나, 남편이 진급해서 감사헌금을 했다는 식의 자랑을 해서는 안 됩니다. 목회자도 헌금 액수를 밝히거나 헌금자를 주보에 기재하는 것을 피해야 합니다.

3) 헌금의 대가를 기대하지 말자.

헌금을 했으니 남편이 진급할 것이라고 믿거나 1,000만 원을 피아노 구입 자금으로 헌금했으니 하나님이 5,000만 원으로 갚아주실 것을 기대하는 것은 잘못입니다. 헌금을 많이 하면 더 많이 되돌려받는다는 사고방식을 가진 분들이 있다는 것도 압니다. 30배, 60배, 100배로 되돌려받는다는 것은 엉터리에 가깝습니다. 이는 헌금의 원칙을 벗어나며 기독교를 치졸한 무속신앙으로 만드는 것입니다.

이 외에 몇 가지를 더 말하려 합니다.

헌금의 횟수입니다. 성경에 헌금을 몇 번 바치라고 나와 있지 않지만, 일반적으로 주일 예배에 한 번 하는 것을 원칙으로 합니다. 가끔 헌신예배나 사경회 때 특별헌금을 하기도 합니다. 일천번제 헌금이란 것은 없습니다. 그런데 아직도 일천번제 헌금을 하는 교회가 있습니다. 충분히 알 만한 모 대형교회도 버젓이 봉투에 일천번제 헌금이라고 기록하여 눈살을 찌푸리게 합니다.

헌금 바구니를 돌리는 것보다는 헌금함을 만들어 교회 안 곳곳에 놓는 것이 성경적입니다. 헌금도 지갑이나 가방에서 꺼내는 것보다 집에서 미리 준비해 오는 것이 성경적입니다. 봉투를 사용하면 더 좋습니다. 다른 사람이 금액을 보지 못하게 하면서 자발적으로 자유롭게 할 수 있기 때문입니다

다시 한 번 더 강조합니다. 돈이 없으면 헌금하지 마십시오. 대출을 받거나 빚을 내서 헌금을 하는 것은 매우 어리석은 행위입니다. 헌금을 못 내서 안타까운 마음이면 충분합니다. 하나님은 헌금하지 못해 안타까운 그 마음을 보시니까요.

11

십일조 외의 돈은 내 마음대로 사용해도 되나요?

Q 저는 십일조를 빠지지 않고 꾸준히 해왔습니다. 가끔은 수입의 10%가 넘는 금액을 십일조로 할 때도 있습니다. 나머지 수입으로는 외제차나 명품 가방을 구입하는 데쓰고는 합니다. 십일조를 성실히 지키면서 제 돈으로 원하는물건을 사는 것도 하나님의 뜻에서 벗어나는 것인가요?

A 대부분의 그리스도인은 십일조(주정헌금, 감사헌금 등 포함)가내 것이 아니라 하나님의 것이라고 생각합니다. 그렇다면나머지 90%(80%가 되는 경우가 있지만 편의상) 재정은 누구의 소유인가 하는 질문이 나옵니다. 내 소유가 되나요? 아니면 하나님 것이 되나요? 아니면 공동소유인가요?

한국 교인들은 대부분 십일조 신앙을 가지고 있어서 수입의 10%는 하나님의 것이라고 믿습니다. 반면 나머지 90%는 내 것이라고생각하며 내 마음대로 사용할 수 있다고 믿습니다. 아닌가요? 저만그렇게 생각하고 있다면 좋겠습니다. 그러나 아쉽게도 대부분의 신

도들은 십일조를 내고 남은 90%는 내 것이고 내 마음대로 사용할
수 있다고 믿습니다. 심지어 믿음이 좋은(?) 부모님은 미혼 자녀가
벌어들이는 수입의 10%를 떼어 부모님이 다니는 교회 또는 자신이
다니는 교회에 내라고 종용하기도 합니다. 그리고 나머지는 자녀가
마음대로 사용하게 합니다. 이때 부모는 자녀가 십일조 신앙을 가
지고 있어 다행이라고 여깁니다.

그러다 보니 10%가 아깝긴 하지만 나머지 90%는 마음대로 사용
할 수 있으니 감사하다는 분도 있습니다. 제가 바로 그런 경우에 속
하던 사람입니다. 십일조를 하면 창고가 넘치도록 복을 받으니 월
20만 원의 십일조가 아니라 월 200만 원의 십일조를 하게 해달라
고 기도하는 분도 계십니다. 하지만 실제로는 월 2,000만 원을 벌
고 싶은 마음이 있기 때문입니다. 중이 염불보다 잿밥에 더 관심을
가지는 경우입니다. 실제로는 돈을 더 벌기 위해 하나님을 이용하
는 것이지요. 로또 복권을 사서 당첨이 되면 헌금으로 전도나 구제
와 같은 하나님 사업에 보태겠다고 기도하는 것과 같습니다. 잘못
된 헌금 정신입니다.

왜 이런 일이 벌어질까요? 한국은 자본주의로 물들었습니다. 돈
이면 하지 못할 것이 없다는 황금만능주의가 지배하고 있습니다.
그리스도인도 세상 사람과 별로 다르지 않은 것 같습니다. 하나님
이 물질의 주권자임을 모르고 있으니까요. 하나님은 모든 것의 주
인이십니다. 하나님은 온 우주 만물의 창조자이시고 돈도 하나님께

속해 있습니다. 이 세상에 내 것은 아무것도 없습니다. 사람은 누구나 이 세상에 빈손으로 왔습니다. 돌아갈 때도 빈손으로 갑니다. 하나도 가져가지 못하고 떠날 때는 이 땅의 주인인 하나님께 놓고 가야 합니다. 돈, 물질, 건강, 명예, 자식 등 모든 것의 주인은 하나님입니다. 이것이 그리스도인이 가져야 할 믿음의 개념이요 기초입니다. 특히 예수님은 돈이 하나님 대신 인생의 주권자가 되는 것을 매우 경계하십니다(누가복음 16:13).

십일조는 하나님의 것이고 나머지 90%는 내 것이라는 생각은 버려야 합니다. 모든 재정의 주인은 하나님입니다. 내 마음대로 재정의 90%를 사용할 수 있다는 것은 하나님을 주권자로 인정하지 않는 것입니다. 믿는다는 것은 하나님을 나의 주권자로 인정하는 것입니다. 우리는 단지 청지기입니다. 따라서 우리에게 맡긴 재정을 평가하고 결산할 때가 반드시 온다는 것을 기억해야 합니다.

교회에서 수입의 90%를 어떻게 사용해야 할지 가르치는 일은 매우 드뭅니다. 어떻게 돈을 벌어야 할지 가르치는 일도 거의 없습니다. 하지만 목회자들은 왜 십일조를 해야 하는지에 대해서는 설교를 많이 합니다. 십일조를 하면 어떤 복을 받는지 강조해서 설교합니다. 심지어 십일조를 하지 않으면 지옥에 간다는 설교를 하는 목사도 있고, 십일조를 하지 않으면 교인명부에서 빼겠다는 한심한 목사도 있습니다.

십일조를 했다고 복을 받고 십일조를 하지 않았다고 저주를 받는다는 것은 증명할 수 없습니다. 그럼에도 십일조를 하지 않으면 찜찜하고 개운하지 못해서 할 수 없이 십일조를 하는 분들이 많습니다. 그런 생각은 잘못된 것입니다. 인격적이고 자비로운 하나님, 모든 것을 다 가지신 하나님은 쩨쩨하게 10%를 받지 못해 화를 내거나 저주하는 분이 아닙니다. 하나님은 기쁘고 감사하게 내는 헌금을 기뻐하십니다. 억지로 강제적으로 내는 헌금은 원하지 않으십니다.

그리스도인과 불신자의 생활 모습을 비교하면 큰 차이를 느끼기 어렵습니다. 교회 주차장에 가면 외제 승용차도 많고 배기량이 큰 중형급 이상의 차량이 즐비합니다. 소형차, 화물차, 영업용 차량은 보기가 힘듭니다. 심지어 옷, 핸드백, 구두도 명품일색으로 치장하고 다니는 권사님과 집사님을 자주 봅니다.

목사라고 다르지 않습니다. 최고급 승용차에 번들거리는 외제 양복을 입고 명품 안경을 쓴 대형교회 목사님들을 자주 봅니다. 대형 아파트에 살면서(교회에서 임대한 것이지만) 대학동창들을 초대해 자신이 얼마나 성공(?)했는지 자랑하는 목사님도 보았습니다. 예수님, 바울, 베드로, 요한 같은 분들이 그런 호화롭고 부유한 환경에서 살았다고 성경은 말씀하지 않습니다.

우리가 버는 돈은 우리 것이 아닙니다. 하나님이 그 돈을 벌 수 있도록 건강도 주시고 일할 수 있는 환경도 만들어주셔서 감사하게 헌금을 하는 것입니다. 헌금을 한다는 것은 나를 죽이는 행위요 헌신입니다. 그것이 없어도 살 수 있고 하나님만 있으면 된다는 헌신의 개념이 포함되어 있습니다. 구약에서 제사(offering)의 개념에 헌금도 들어 있다는 것을 기억해야 합니다. 십일조는 하나님의 것이고 나머지는 내 마음대로 사용할 수 있다는 생각은 잘못입니다. 우리는 청지기입니다. 우리는 종입니다. 내 것은 없습니다. 내 것은 하나도 없습니다. 모두가 하나님의 것입니다.

12

불신자 남편 몰래 하는 십일조

Q 저는 교회를 다니면서 십일조를 계속하고 있습니다. 때론 기쁘게 드리고 때론 습관적으로 드릴 때도 있습니다. 그러나 무엇이 진정 하나님을 기쁘시게 하는 것인지에 대해 고민하게 되었습니다. 불신자인 제 남편은 온전한 십일조를 드리는 것을 모르고 다만 조금씩 드리는 것으로만 알고 있어요. 십일조를 포함한 현금을 대략 70만 원 이상 드리고 있는데 남편은 10만 원 정도로 알고 있습니다. 제가 남편을 속이면서 드리는 십일조가 하나님이 보시기에 참된 것인지 아닌지 분별하기가 어렵습니다. 참고로 제 남편은 유순한 사람이고 저와 아이들이 교회에 나가는 것을 반대하지 않습니다. 가끔 남편이 제게 돈을 잘 저축하는지 물어볼 때면 마음이 위축되고 미안해집니다. 목사님! 어떻게 하면 좋을까요?

A 정말 고민이 되겠네요. 그동안 마음이 괴롭거나 두려워서 힘들었으리라고 생각합니다. 온전한 십일조를 하자니 남편이 걸리고, 조금만 하자니 하나님이 마음에 걸렸겠지요. 참으로 어려운 문제라고 생각합니다. 그럼에도 집사님께서 온전한 십일조를 드려온 것은 칭찬하고 싶고 감사드리고 싶습니다. 참 잘하셨습니다. 그리고 집사님이 남편에게 미안하고 죄스러운 마음을 가지는 것에 제 마음이 많이 아픕니다. 그런 집사님을 바라보시는 하나님의 마음은 행복하실까요? 아니요, 편안하지 않았을 것입니다. 하나님도 집사님의 마음을 다 알고 계시리라 믿습니다. 저도 고민을 많이 하였습니다. 그래서 주위의 존경하는 목사님들과 이 문제에 대하여 많은 대화를 나누었습니다.

우선 남편에게 진심으로 감사하십시오. 교회에서 신앙생활 하는 것을 반대만 하지 않아도 참 고마워할 수밖에 없습니다. 반대하는 남편에게 핍박을 받으면서 신앙생활 하는 아내들도 적지 않으니까요. 그동안 남편에게 거짓말하고 남편을 기만한 것 또한 사실입니다. 먼저 결론을 말씀드립니다. 70만 원을 하나님께 드리는 것을 포기하십시오. 그리고 남편과 약속한 10만 원을 드리고 나머지는 안타까움과 슬픔과 눈물로 드리시길 바랍니다. 남편이 교회에 나와서 온전한 십일조를 드리는 신앙을 가질 때까지요.

이제 그동안 남편 몰래 70만 원을 헌금한 것을 고백하는 것이 맞느냐 아니냐 하는 질문이 남습니다. 남편에게 70만 원을 헌금한다고 고백할 때 반응은 다음 셋 중 하나일 것입니다.

1) "잘했다. 그동안 숨기느라고 힘들었지? 그냥 계속 70만 원을 해." 이런 반응이 나올 가능성은 매우 낮아 보입니다.

2) "안 돼. 70만 원은 너무 많아. 우리 집 살림에 그래서 되겠어? 양보해서 20만 원까지는 이해할 수 있어." 이것은 가능성이 많습니다. 하지만 남편은 배신감을 느낄 것입니다. 남자들은 의리를 중요시하므로 배신감을 쉽게 느낍니다. 그래서 집사님에 대한 신뢰를 잃어버릴 가능성이 높습니다.

3) "안돼. 정말 나쁘다. 어떻게 교회에서 거짓을 가르치냐? 여태까지 당신 교회 목사가 그렇게 가르쳤어? 교회에 나가지 마!" 이렇게 배신, 부정, 경멸 등의 감정을 표현할 가능성도 있습니다. 그러면 남편과의 관계도 나빠지고 교회에 대해서도 매우 부정적으로 받아들일 가능성이 커집니다. 차후 전도 가능성도 더욱 줄어들 것입니다.

　차라리 이 사실을 숨기는 것이 당장은 좋겠지만, 언젠가는 반드시 남편에게 고백하고 용서를 구해야 합니다. 어느 순간, 많은 돈을 통장에 저금하지 않고 교회에 헌금한 사실을 남편이 아는 날이 올 것입니다. 호미로 막을 것을 가래로 막아도 안 될 날이 온다는 것이지요. 그래서 지혜와 기도가 필요합니다. 남편이 기분 좋은 날, 미리 애교도 떨고 서비스도 특별히 잘하면서 말을 꺼내는 것이 중요하다고 봅니다. 기도하면서 기회를 엿보아 지혜롭게 말씀하십시오. "자수하여 광명 찾자"라는 표어가 기억납니다.

다음으로, 하나님의 관점에서 십일조를 바라보는 것입니다. 성경에서 보면 십일조와 헌금(현물)의 차이점을 명확히 구분 짓기 어렵습니다. 십일조도 헌금에 포함되기 때문입니다. 그러나 그 사용처는 분명히 구분됩니다. 구약에서 십일조는 레위 사람들(현재의 교회 직원들)의 몫이고, 헌금은 제사장(현재의 목회자)과 성전의 수리 비용 그리고 가난하고 소외된 이웃인 고아와 과부, 나그네를 돕는 데 사용되었습니다.

신약에서도 헌금은 불우한 교회와 가난한 이웃을 위해 사용되었습니다. 즉, 헌금(십일조 포함)의 용도는 교회(목회자, 교회 직원, 성도 교제와 교육, 건물 유지 비용 등)와 이웃을 위한 구제로 구분할 수 있습니다.

여기서 유의할 점은 헌금은 하나님이 아니라 사람이 사용한다는 것입니다. 온 우주 만물이 하나님 것이므로 그분은 우리의 소유를 원하지 않습니다. 도리어 하나님이 원하는 것은 하나님을 향한 마음, 헌금의 정직도와 투명도입니다. 부정부패로 더럽게 벌어들인 냄새나는 돈, 교회의 강요로 할 수 없이 바치는 돈은 옳지 않습니다. 성경에서는 단 한 번도 헌금을 강요한 적이 없습니다. 또 헌금을 일종의 투자나 투기로 알고 바치는 것도 금물입니다. 정직하게 벌어들인 돈을 기쁨과 감사로 하나님께 드리는 것, 그것이 헌금의 올바른 기초 정신입니다. 더럽고 냄새나는 돈을 하나님은 매우 싫어하십니다.

〈말라기〉 3장 10절에서 '온전한 십일조'의 '온전한'이라는 히브리어는 '콜(kol)'로서 '모두', '전체'라는 의미입니다. 다시 말해 '모든 십일조를 드리라'는 뜻으로 말리기 안에서 문자적으로 해석하면 병들고 상한 소나 염소를 가지고 오지 말라는 것입니다. 즉, 부정부패에 연루된 돈, 인신매매나 법에 저촉되어 벌어들인 돈을 하나님께 드리지 말라고 해석하는 것이 바람직합니다.

또 하나님은 우리의 가정을 사랑하십니다. 하나님은 온 우주 만물과 사람을 창조하신 뒤 바로 가정을 세우셨습니다. 따라서 가정이 화합하고 하나가 되는 것을 원하시지 깨어지는 것을 원하시지 않습니다. 예를 들어 친정이 금전적으로 어려워서 월 50만 원씩 도와주기로 남편과 협의했다고 가정합시다. 그런데 아내가 50만 원이 아닌 100만 원을 주었고, 나중에 이 사실을 남편이 알았다면 어떻게 될까요? 돈이 문제가 아닙니다. 우선 약속을 어기고 자신을 기만한 사실에 화가 날 것입니다. 친정에 100만 원을 보낸 것을 좋아하거나 잘했다고 칭찬할 남편은 아마 드물 것입니다. 저 같은 목사라도 그랬을 것입니다.

또 이런 딸의 가정불화를 친정 부모님이 안다면 뭐라고 할까요? 그래도 계속 100만 원을 보내라고 할까요? 아마 돈을 보내지 말라고 하거나 50만 원만 보내라고 할 것입니다. 부모님은 딸과 딸의 가

목사님 궁금합니다

정의 행복이 더 중요하다고 말씀하시겠지요. 하나님도 마찬가지 아닐까요? 모든 것을 다 가지신 하나님이 무엇이 아쉬워 우리에게 헌금을 내라고 하실까요?

사실 모든 헌금은 교회가 필요로 하는 것이지요. 세상에서 모임을 운영하기 위해 회비가 필요하듯이 교회도 헌금이 반드시 필요합니다. 예배의 다섯 가지 요소(기도, 찬양, 말씀, 헌금, 성찬 예식) 중 하나가 헌금이니까요. 70만 원을 헌금하다가 갑자기 액수를 줄이면 교회에서도 오해하거나 싫어할 수 있다는 점을 미리 말씀드립니다. 이 사실을 해당 교구 목사님이나 구역장에게 말씀드리고 양해도 구하십시오. 혹시 헌금이 줄어들면 그분들이 집사님에게 믿음이 없다거나 사탄이 장난을 치는 것이라 말할 수도 있습니다. 아니면 어떤 불이익(구역장이나 권사 직분 관계)을 줄 수도 있을 것입니다. 이때 실망하거나 시험에 들지 말고 각오하셔야 합니다. 권사가 되지 못할 수도 있다는 생각을 미리 하시라는 의미입니다. 사실 이런 일은 규모가 작은 교회에서는 문제가 될 소지가 충분합니다.

결론입니다. 우선 남편이 알고 있는 대로 10만 원을 헌금하는 것이 어떨까요? 아니면 남편의 동의 아래 20만 원으로 합의를 보는 건 어떨까요? 중요한 것은 남편과의 관계, 가정의 행복입니다. 사람은 자신이 존중받고 대우받는다고 느낄 때 상대방의 말에 수긍하고 공감하게 됩니다. 거짓을 말하면 이런 감정은 사라지고 배신감을 느끼게 됩니다.

성경은 거짓말을 하지 말라고 합니다(출애굽기 20:16). 그리고 이런 거짓은 한 번이 아니라 최소 한 달에 한 번 이상 지속된다는 데 문제의 심각성이 있습니다. 그리스도인은 정직해야 합니다. 특히 돈이나 물질관에 있어서 매우 정확하고 거짓이 없어야 합니다. 현대인이 하나님을 대적하면서까지 섬기려 하는 유일한 우상은 돈일 것입니다. 남편을 포함한 불신자에게는 돈이 신(神)이 될 소지가 다분합니다. 우리 그리스도인도 대부분 하나님과 돈을 동시에 섬기고 있지 않나요? 즉, 기복, 성공, 맘몬주의가 교회 안에 가득 차 있다는 것이지요.

그래서 반드시 기도가 필요합니다. 중요한 것은 70만 원을 교회에 드려왔던 것을 말하는 것이 좋은가 아닌가입니다. 만약 고백한다면 언제 어떻게 말할지를 기도하면서 지혜롭게 처신해야 합니다. 이때 남편의 성격과 인격이 중요하게 작용하겠지요. 감사하게도 남편이 유순하신 분이니 걱정이 덜하지만 그래도 남편의 마음(배신감, 상실감, 괘씸죄 등)이 상할까 염려가 됩니다. 남편이 교회에 나와서 예수님을 믿을 때까지 말이 아니라 선하고 올바른 행위와 실천으로 모범적인 삶을 통해 전도해야 합니다. 지금처럼 말만으론 전도하기 힘들고 남편도 진실한 그리스도인이 될 가능성이 낮습니다.

이번 헌금(십일조 포함) 문제가 전화위복이 되었으면 합니다. 내외간에 사랑과 신뢰가 더욱 돈독해지는 계기가 되어 하나님이 기뻐하시는 가정이 되기를 소망합니다.

목사님 궁금합니다